Elias Johannes Benedikt

Der Logos und die Dialektik von Sein und Werden, Selbst und Persona

Elias Johannes Benedikt

Der Logos und die Dialektik von Sein und Werden, Selbst und Persona

© 2021 Elias Johannes Benedikt
Illustration: Elias Johannes Benedikt
Herstellung und Verlag: BoD – Books on Demand, Norderstedt
ISBN: 9783755735281

Inhalt

1. Logos und Logoslehre

1. Logos und Logoslehre

1.1 Begriffsbestimmung: Der Logos als die schöpferische Kraft Gottes

Ursprung, Mitte und Ende alles Seienden und allen Lebens wie auch aller Erkenntnis ist der Logos. Wie es heißt: „Alle Dinge haben eine obere Wurzel." (Plato, Plotin, Eckhart, Sohar, Baal-Shem-Tov, Reb Nachman von Brazlav)

Im platonischen, biblischen und vedischen Sinne begreifen wir den Logos ganz ursprünglich sowohl als kosmische Intelligenz als auch als die geistige Schöpfungskraft Gottes. Insbesondere das platonisch inspirierte Johannes-Evangelium hat ihn als solche gefaßt. Er ist die Urkraft, die jedes Seiende hervorbringt und gestaltet.

Im Folgenden möchte ich die wesentlichen Eigenschaften und Aspekte des Logos einzeln aufzählen:

1. Zuallererst verstehen wir den Logos als die *schöpferische Kraft Gottes*, ganz im Sinne des *Fiat Lux* der Schrift, wie es dort heißt: „Bereshit bara Elohim (eth-ha-shamajim wa-eth-ha-aretz) ...Wajomar Elohim: יְהִי אוֹר,וַיְהִי אוֹר (Jehi or wa-jehi or)'." – „Im Anfang schuf Gott Himmel und Erde ... *Gott sprach: Es werde Licht ..., und es ward Licht ...*" (Gen. 1. 1 & 3) bzw. im Johannes-Evangelium:

Εν αρχη ην λογος, και ο λογος ην προς τον θεον, και θεος ην ο λογος. αυτος ην εν αρχη προς τον θεον.
παντα δι αυτου εγενετο, και χωρις αυτου εγενετοουδε εν, ο γεγονεν.
εν αυτω ζωη ην, και η ζωη ην το φως των ανθρωπων. και το φως εν τη σκοτια φαινει, και η σκοτια αυτο ου κατελαβεν.
(Κατα Ιωαννην 1. 1 – 5)

zu Deutsch:

„Im Anfang war das Wort und das Wort war bei Gott und das Wort war Gott. Und alles, was gemacht (geschaffen) ist, ist durch das Wort gemacht (geschaffen). Und nichts, was gemacht (geschaffen) ist, ist ohne es gemacht (geschaffen). Und das Wort ist das Leben und das Leben ist das Licht des Menschen." (Joh. 1. 1 – 4)

Im Sanskrit wird der Logos als „Matrika-Shakti" (mütterliche Urkraft) wie auch als „Vak" oder „Paravak" (Wort oder Urwort) bezeichnet.

Dementsprechend heißt es im Rig-Veda:

„Prajapatir vai idam-agre-asit
Tasya vak dvitya-asit
Vak vai Paramam Brahman."

„Im Anfang war Gott (Prajapati – der Schöpfer);
Mit Ihm war das Wort.
Und das Wort war wahrhaftig das höchste Brahman."

Murdo McDonald-Bayne faßte Geist und Gehalt dieser Verse in seinen Johannesburger Reden in moderne Sprache. Da heißt es:

„Gott ist Geist, nicht *ein* Geist, sondern Geist. Der Geist ist in sich selbst vollkommen; er hat die Macht, sich zu offenbaren, sich die Formen zu schaffen, derer er bedarf, um sich auszudrücken. [Denn Gottes Wesen ist Mitteilsamkeit. (Plato, Plotin, Eckhart)]
... Der Geist Gottes war, bevor die Welt gebildet wurde, und der Geist ist Fleisch geworden und wohnt auf der Erde, dennoch ist es derselbe Geist, der im Himmel wohnt.

„... Die vollkommene schöpferische Kraft – der Geist Gottes – wirkt schöpferisch in Ihrem eigenen Ewigen Sein, worin es keine Teilung gibt."

„Geist ist Bewußtsein, und Bewußtsein wirkt ... vermittels seiner intelligenten Tätigkeit. Das Bewußtsein und die Intelligenz Gottes offenbart sich in allem, was lebt." (M. McDonald-Bayne: Göttliche Heilung, 3. 27; 7. 53 – 54)

Durch die Kraft des Wortes antizipiert der Logos die ihm innewohnenden Ideen und Eide in einer Innenschau als Gedanken und Intentionen und durch die Kraft des Wortes materialisiert er diese Ideen, Eide, Gedanken und Intentionen in fein- oder grobstoffliche Formen und Gestalten.

Der Grund des Wirkens des Logos und alles in ihm Liegenden liegt nicht außerhalb seiner, sondern allein in ihm selbst. Wie es heißt: „Im göttlichen Bereich wirkt alles ‚ohne Worumwillen', weil alles eins ist und daher um seiner selbst willen wirkt." (Cusanus)

Das bedeutet, daß der Logos als der Ursprung und die Wurzel aller Dinge in Gott, als der Quellgrund aller Bewegung und allen Lebens, und als der Punkt ihrer Koinzidenz und ihrer Rückkehr in Ihn zu fassen ist. Er ist die erste, höchste und einzige Ursache aller Dinge und aller Bewegung.

Ganz in diesem Sinne heißt es auch bei Shankaracharya: „Dieses sichtbare Universum hat seine Wurzel in der gedanklichen Schöpfungskraft des Geistes." (Shankara: Viveka Chudamani, Vers 407);

Auch bei manchen der griechischen und christlichen Denker, Seher und Philosophen finden wir ähnliche Zeugnisse:

Schon Heraklit, der Vater der Logoslehre, sagte: „Alles entsteht gemäß dem Logos und wird von ihm geleitet." ... „Der Logos ist es, der Alles in Allem durchwaltet." Und bei Philo heißt es: „Τελειος λογος αρχη γενεσεως – der vollendete Logos ist das Urprinzip der Schöpfung."

„Der Logos wird Arche (Anfang und Haupt; Hebräisch: Resh) genannt, weil er das Prinzip *und* der Herr (κυριος) aller Dinge ist, die durch ihn geschaffen wurden." (Theophilus) Dementsprechend schreibt Philo dem Logos zwei Vollmachten zu. Die eine nennt er die erschaffende Gewalt (δυναμις ποιητικη). Sie bezieht sich, wie ihr Name sagt, auf die Erschaffung der Welt. Die andere nennt er die königliche Gewalt (δυναμισ βασιλικη), „durch die der Demiurg das Erschaffene lenkt".

Facit: „Der Logos ist nicht nur der Ursprung (αρχη, δημιουργος), sondern auch der bleibende Lenker des Alls (διοικων τα παντα)." Seine Natur ist *Sein und Wirken.*

Ferner: *Der Logos ist Same und Wurzel aller Welten, Wesen und Dinge*: „Das erste [Prinzip] ist das Feuer, das gleichsam als Samen des Alls die Logoi enthält, die Ursachen von allem, was entstanden ist, was entsteht und was sein wird." (Eusebius) Die Stoa nannte diese Samen ‚λογοι σπερματικοι'. Philo sagte: „Der Same ist das Wort Gottes" – „Ο σπορος εστιν ο λογος του θεου." Dieser Logos bildet den Kern und die Mitte eines jeden lebenden Wesens und geschaffenen Dinges.

Der geschaffene Kosmos ist Aufrollung des Logos in Raum und Zeit. Seine erste Manifestation ist die ψυχη (All-Seele) als Entfaltung der im Nous verborgenen Ideenfülle. Diese Ideenfülle ist selbst der Logos und das dem Nous innewohnende Leben. Seinsfülle *ist* Leben. In der Seele nimmt seine (des Logos und des Lebens) Entfaltung ihren Anfang und in der Emanation des Kosmos kommt sie zur Blüte und Vollendung. Der Logos ist ihr Same und der Kosmos die Frucht ihrer Entfaltung.

Aber auch im Menscheninnern wohnen heilige Funken oder Monaden (αποσπασμαι, Hebräisch: Jechidot), die Same, Kern und Wurzel seiner zur Entfaltung drängenden Seele sind. Ihr Aussprießen und ihre Entfaltung zu einem differenzierten Individuum, Charakter und Bewußtsein erfolgt zwar gesetzmäßig gemäß der inneren δυναμισ und ενεργεια (bzw. dem πνευμα) (Hebräisch: Ruach Ha-Kodesh) des Logos (Sanskrit: Kundalini Shakti), aber nicht zwangsläufig; sie wird nicht vom Kosmos selbst besorgt. Justinus der Märtyrer gebrauchte für diesen Geistfunken in der Seele den Ausdruck: „Der Same des Logos (σπερμα του λογου) im Menschen".

Die Stoiker sprachen vom:

λογος σπερματικος bzw. σπερμα του λογου (dem Samen des Logos) oder auch von der εμφυτου του λογου (der Saat des eingeborenen Logos) im Menschen. Wie es schon heißt im Evangelium Johanni:

„εν αυτω ζωη ην και η ζωη ην το φως των ανϑρωπων" – „In ihm war das Leben und das Leben war das Licht des Menschen".

Bei Murdo McDonald-Bayne hören wir das Wort: „Wenn ein Same in die Finsternis der Erde ausgesät wird, wächst er aus innerer Kraft; der Samen bringt ihm selbst Gleiches hervor und vermehrt sich dabei hundertfältig. ... Der Samen des Christus in euch enthält die ganze Fülle der Gottheit." (McDonald-Bayne: Göttliche Heilung, Kap. 9. 69; 98)

Makro- und Mikrokosmos entsprechen einander und haben im Logos eine gemeinsame Mitte. Wie es heißt: „Der Logos, der Älteste des Seins, ist in den Kosmos wie in ein Gewand gehüllt, in Erde, Wasser, Luft und Feuer und alles, was darin enthalten ist." (Philo) „Der ganze Kosmos ist ein Wesen (ζωον), beseelt und vom Logos durchdrungen." (Poseidonios)

Und bei Plato heißt es: „κοσμος ζωον εμψυχον και εννοιον." (Timaios 30 B)

„Der Kosmos ist ein συστημα (System) von Göttern und Menschen [Purushas] und all dessen, was um ihretwillen erschaffen wurde." (Chrysipp) Der Logos ist All und allem gemein.

„Gott ist die Substanz der Welten, die das Dasein alles Geschaffenen unterhält." Er existiert nicht, hat keine Existenz, denn Er ragt nirgends unter den Seienden Dingen der Welt heraus, sondern ist er das Sein alles Seienden schlechthin; Sein Sein hat den Charakter des Sub-sistierens. „Er ist die Substanz, die das Da-Sein der Welten unterhält. Ansonsten ist Gott αποιος, das heißt ohne Attribute oder Qualitäten, die in Begriffe oder Worte zu fassen wären. Nicht einmal das Schaffen ist seinem Wesen eigen. Wo es beginnt, tritt der Logos in Kraft." (Philo)

„Der Logos ist der Herr der Mächte nach dem Willen Gottes (die erste der Dynameis)." ... „Der Logos war vor aller Schöpfung in ihm. ... Der Logos hatte als Arche (Kraft des Urbeginns) vor allem Erschaffenen in Gott Bestand." (Justin)

Eine mehr poetische Form und zugleich Zusammenfassung der Definition des Logos als der schöpferischen Kraft des universellen Geistes finden wir im Sohar. Er sieht die Erschaffung der Welt nach dem Bilde des Oberen, der oberen Vollkommenheiten:

„Es sprach Gott: ‚Es werde Licht – und es ward Licht'."

„Es ist dies das Leuchten, das der Allheilige im Uranfang schuf: genannt das Licht des Urquells.

„Und Er umhüllte sich mit dem Lichte wie mit einem Mantel, darum heißt es: ‚Er bedeckt sich mit Licht wie mit einem Kleide' (Psalm 104,2).

„Das Licht, das der Allheilige im Schöpfungswerk geschaffen, sein Strahlen ging von Weltende zu Weltende. Denn der Anfang der Schöpfung war ein Reich des Lichts.

„In diesem Licht werden alle Welten zur Vollendung kommen und schließlich zur Einheit." (Sohar I. folg. 31b-32b. Das Licht des Urquells)

„Merke: Als der Allheilige die Welt erschuf, gründete Er sie *auf sieben Säulen,* diese aber auf einer einzigen. Dies finden wir bestätigt in dem Satze: *‚Die Weisheit hat ihr Haus erbaut und ihre sieben Säulen aufgerichtet'* (Sprüche 9,1). Die Welt, als sie erschaffen wurde, wurde von jener Stätte aus erschaffen, welche die Vollendung und das Heil der Welt ist, *ein Punkt der Welt und Mittelpunkt von allem.* So ist diese Stätte der kraftende *Urpunkt der ganzen Welt;* von dieser Stätte wirkt er zur Vollendung der ganzen Welt, aus ihm wird die ganze Welt genährt." (Sohar I. fol. 186)

„Auch heißt es: ‚Im Anfang erschuf Elohim Himmel und Erde' (Bereshit 1,1) (das sind geistige und stoffliche Welt). *Es erschuf der Allheilige die Welt nach der Weise der oberen, auf daß diese Welt im Vorbilde der oberen stehe.* Und alle die höheren Daseinsweisen setzte Er nach unten, damit Welt mit Welt sich verbinde und verknüpfe. ...

„Von drei Seiten erhielt die Welt Bestand: mit Weisheit, Vernunft und Erkenntnis. Mit Weisheit, wie geschrieben steht: ‚JHWH, mit Weisheit hat Er die Erde gegründet' (Sprüche 3,19). Mit Vernunft, wie geschrieben ist: ‚Er richtet die Himmel mit Vernunft ein'. Mit Erkenntnis, wie geschrieben ist: ‚Mit Seiner Erkenntnis wurden die Tiefen gespalten' (Sprüche 3,20). All dies gehört zum Bestand der Welt. Mit eben diesen dreien wurde auch der Tempel Gottes auf Erden errichtet, wie es heißt: ‚Und Ich erfüllte ihn mit dem Geiste Elohims, mit Weisheit, Vernunft und Erkenntnis' (Exodus 31,3).

„Auf diese drei ist aber auch in jenem Satz hingewiesen: ‚Im Anfang', das heißt mit Weisheit, ‚erschuf Elohim', das heißt mit Vernunft, ‚den Himmel', das heißt mit Erkenntnis.

„Von diesen dreien ist auch geschrieben beim Bau des Stiftszelts: ‚Dieses sind die Satzungen', das ist das Geheimnis der Weisheit, ‚der Wohnung des Zeugnisses', das ist das Geheimnis der Vernunft, ‚welche er einsetzte durch den Mund Seines Propheten', das ist das Geheimnis der Erkenntnis, und alles entspricht einander. *Denn was der Allheilige in dieser Welt erschuf, erschuf Er nach der Weise des Oberen,* und alles war eingeprägt in das Werk der Wohnung.

„Erhebe dein Haupt zum Himmel und wandle und gestalte alles nach dem oberen Bild und Gleichnis. Denn ‚zum Mit-Erbauer habe Ich dich erwählt der Neuen Welt'.

„Das Haupt in der Höhe ist ein Punkt, der in der Mitte der Welt steht, von wo sich die Welt nach rechts und links und allen Seiten breitet, und hat durch diesen Mittelpunkt Bestand; dieser Punkt wird Grundstein genannt, weil Er von hier die Welt nach allen Seiten festigte. Ferner bedeutet aber das Wort Schetijah: Schat-jah: es hat Gott gesetzt, damit er der Grund der Welt sei und der Sproß des Ganzen. ... *So steht jener Punkt in der Mitte* und alle Arten der Ausbreitung umringen ihn.

„Es ist das Geheimnis der *Kreise im Auge,* welche den *mittersten Punkt umgeben,* der eigentlich das Sehen des ganzen Auges bildet. Diesem Punkte gleich steht in der Mitte das Allerheiligste, (welches die Schau des Ganzen bildet.) Es bedeutet dieser Punkt die Schau der ganzen Welt. Deshalb ist geschrieben: ‚Schön Ragende, Freude der ganzen Erde' (Psalm 48,3). ‚Schön': diese Schau und Wonne des Alls, ‚ragend' wie das Emporragen des herrlichsten Baumes." (Sohar II. fol. 220b-221a, 222a-b)

„Drei Häupter sind geprägt, eines im andern, eines über dem andern. Ein Haupt verhüllte Weisheit, die gänzlich sich verbirgt und nie sich offenbaren kann. Und diese verborgene Weisheit ist Haupt den Häuptern aller übrigen Weisheit. Das oberste Haupt: der heilige *Alte,* der Verborgene aller Verborgenen – Beginn alles Beginnes, Beginn, der noch kein Beginn ist, nicht erkennend und nicht mehr erkannt, der sich noch nicht verband mit Weisheit und mit scheidender Vernunft. Darauf gehen die Worte: ‚Fliehe an deine Stätte‘ (4. Moses 24,11) sowie: ‚Und die Heiligen Wesen enteilen und kehren wieder‘ (Ezechiel 1,14). Und darum wird der heilige Alte auch ‚Nichts‘ genannt, weil an ihm nichts mehr haftet. Und alle jene Nerven gehen aus vom verborgenen Mark, und alles ist ins Gleichgewicht gesetzt.

„Es ist der ‚Alte der Alten‘, der Uralte, die obere Krone, mit der alle Diademe und Kronen sich krönen. Von dem alle Leuchten sich erleuchten und erbrennen. Er, die obere, verborgene, nie erkannte Leuchte. Dieser ‚Alte‘ findet sich in drei Häuptern, die in eines zusammengefaßt sind, und Er ist das oberste Haupt. Und weil der heilige Alte in die Dreiheit geprägt ist, so sind auch alle übrigen Leuchten, die von ihm ihr Licht empfangen, in dreien zusammengefaßt. ...

„Ferner ist der ‚heilige Alte‘ geprägt und verborgen in der Einheit. *Er ist Eines und in Ihm ist alles Eines. Desgleichen erheiligen und verbinden sich alle übrigen Leuchten, kehren wieder in die Einheit und sind selbst Eines.*

„Am Bilde des ‚heiligen Alten‘ hängt alles Gut aller Dinge. Er wird ‚Gestirn des Alls‘ geheißen. Von ihm geht alles kostbare Gut aus, denn nach ihm halten alle Gestirne, die oberen wie die unteren, den Blick gerichtet. An diesem Gestirn hängt das Leben aller Dinge, die Speisung aller Dinge. An ihm hängen Himmel und Erde, alle Verkörperung des Willens.

„In diesem Gestirn liegt die Vorsehung von allem. An ihm hängen alle Heerscharen, die oberen und unteren. ... Dieses Gestirn wirkt Gleichgewicht bis zum Nabel aller Heiligtümer, weil von ihm Heiligkeit ausgeht. In diesem Gestirn erfolgt die Ausbreitung der oberen Verbundenheit ...

„In dieser Bildform breiten sich drei Häupter, alle dem Gestirn verbunden. Darum hängt auch alle Köstlichkeit an diesem Gestirn. Und alle Zeichen, die vom ‚heiligen Alten' abhängen, hängen von diesem Bilde ab und sind diesem Gestirn verbunden, um auch den anderen Zeichen Bestand zu geben. ... Vor diesem Gestirn erblassen und beugen sich Oberes und Unteres'. (Sohar, Idra suta III. fol. 288a-b. Dreiheit in der höchsten Einheit)

Lassen wir noch einmal die Griechen zu Wort kommen: Makro- und Mikrokosmos entsprechen einander und haben im Logos eine gemeinsame Mitte. Wie es heißt: „Der Logos, der Älteste des Seins, ist in den Kosmos wie in ein Gewand gehüllt, in Erde, Wasser, Luft und Feuer und alles, was darin enthalten ist." (Philo) „Der ganze Kosmos ist ein Wesen (ζωον), beseelt und vom Logos durchdrungen." (Poseidonios) „κοσμος ζωον εμψυχον και εννοιον." (Plato, Timaios 30 B)

Der Logos ist Ursprung, Spitze und Zentrum des geschaffenen Kosmos als schöpferische und einheitsstiftende Kraft des Nous. Als Spitze des Seienden ist er die „reinste und lauterste Idee des Seienden". Als Monade ist er das allgemeinste Prinzip, von dem her sich alle Dinge bestimmen. Die Monade steht für die Ganzheit und Gemeinschaft aller Dinge. ... Seine sinnliche Leere bedeutet ontologische Fülle.

Daraus folgt unmittelbar:

2. Der Logos verkörpert das *Prinzip der Vernunft*; ja er ist selbst reinste Vernunft (νεησις) und höchste Intelligenz. Er ist also nicht nur schöpferisch-produktiv, sondern insbesondere auch intelligenzbegabt. Er offenbart die absolute Vernunft des transzendenten Seins und Bewußtseins in Form weiser Struktur und Ordnung innerhalb der relativen Welt; er ist nicht nur eine schöpferische, sondern insbesondere eine ordnungsstiftende, das heißt, alle Dinge und Erscheinungen innerlich strukturierende und in ihren Beziehungen untereinander ordnende Kraft. Er ist der Träger und die Exekutive der göttlichen

Vernunft. Er ist die Wurzel aller Gesetzmäßigkeit und Tugend in dieser und jener Welt und selbst das oberste Gesetz. Wie es heißt: „Er ist die Wahrheit an sich (αυτοαληθεια), die Gerechtigkeit (αυτοδικαιοσυνη) an sich, die Weisheit an sich (αυτοσοφια)."

Mit Heraklit und Cusanus können wir zusammenfassend sagen: „Der Logos ist das eine, universelle Ordnung schaffende Prinzip, allem gemeinsam und die Einheit der Gegensätze: ‚Aus Allem wird Eins und aus Einem Alles.'" Er ist die schöpferische Urkraft, die erste Ursache allen Seins, der die vernunftbegabten Keimkräfte aller Dinge in sich trägt.

Er ist sowohl der Grund und die Basis der *logischen Ordnung* (Gestalt) *der Welt* (des Kosmos), als auch des Geistes *und des Erkenntnisvermögens* (Noesis). Der Logos selbst entfaltet sich als Kosmos.

3. Er ist der *Grund der Einheit von Geist und Welt* (im Sinne des „hen to pan").

4. Der Logos ist zugleich *transzendente und immanente Wirklichkeit*; er wurzelt in und durchdringt den gesamten intelligiblen Kosmos und sprießt hervor als sensible, empirische Welt, die er ebenfalls ganz umfaßt und durchwirkt. Er ist jenseits aller sichtbaren Dinge, aber zugleich allen immanent, als deren eigener Ursprung. Er umfaßt, durchdringt und durchwirkt Himmel und Erde, geistige und materielle Welt.

5. bildet er den *Horizont* und das *Tor zwischen ungeschaffenem und geschaffenem Sein*, oder besser das Tor am Horizont des Bewußtseins zwischen den ungeschaffenen und geschaffenen Dingen.

Er ist der Anker der zeitlichen Dinge in der Ewigkeit.

Er ist die Pforte ihres Aus- und Eingangs in die Ewigkeit. Wie die Sonne aufgeht im Osten und untergeht im Westen, so wirkt der Logos gleichermaßen hüben und drüben des Seinshorizontes und alles, was differenziert, geeint, geschaffen, bewirkt, bewegt und lebendig ist, ist sein Werk.

Plato schrieb ihm deshalb die Gestalt des Buchstaben X (Chi) zu. Er ist das Öhr, durch das alle Wesen und Dinge in Raum und Zeit eingehen und durch das sie wieder zurückkehren in ihren transzendentalen Ursprung.

6. Er ist die *Summe und Einheit aller transzendentalen Ideen* (und Vollkommenheiten) und der Grund und Anfang ihrer Manifestation. Er umfaßt ihre ganze Totalität und mit ihnen alle γενη – Gene – (im Sinne der Gattungen des Seins) und tut dies sowohl in Potenz als auch im Akt. Mehr noch: Er ist selbst diese Totalität als inneres Leben des Geistes (Nous).

Als Summe und Totalität der transzendentalen Ideen ist der *Logos* nicht nur Ursprung und Wurzel von Schöpfung und Leben, sondern darüber hinaus auch das *Urbild der Menschen* und aller geschaffenen Wesen und Dinge: „Der Herr hat mich gehabt im Anfang seiner Wege. Ehe er etwas schuf, war ich da." ... „Der nach dem Ebenbild (Gottes) geschaffene Mensch war die Idee, die Gattung, das Siegel (σφραγις) des Menschen, rein geistig (νοητος), unkörperlich, weder männlich noch weiblich, und von Natur unsterblich." (Philo) Gott bzw. der Logos selbst ist ο κατ εικονα ανθρωπος – das Urbild des Menschen. Paulus gebraucht statt des Ausdrucks εικων (Abbild) das Siegel προσωπον (Antlitz), wohl um die Gottesähnlichkeit und Würde des Menschen deutlicher hervortreten zu lassen.

Er ist das Prinzip der Einheit und der Scheidung und auch der Wiedervereinigung alles Geschiedenen in ein einziges Eines. In ihm ist Abstieg von der Einheit in die Vielfalt und Aufstieg (αναγωγη) von der Vielheit in die Einheit (und von da zum einfachen Einen). Er ist es, der die undifferenzierte Ideenfülle des Nous als Vielheit zu ideieren oder zu denken vermag und damit den Grund der Vielheit in der Einheit des Nous als des Einen-Vielen bildet. (Siehe Kap. 6. 4. ...)

Er ist Ursprung von διαιρεσις (Dihairesis – Auseinanderlegung) einer undifferenzierten im Nous enthaltenen Totalität in differenzierte Vielfalt und das Prinzip ihrer Synthesis unter ein einziges Eines.

Damit ist er der Ursprung (αρχη) und die Kraft (δυναμις) aller Bewegung des Nous (κινησεως νου), aber auch der Urimpuls seines Aus-sich-Herausgehens in Gestalt der seienden Dinge und lebenden Wesen, das heißt die schöpferische Kraft, die All und alles, Seele und stoffliche Welt aus dem Nous ausgebiert. Er ist es, in dem alle wahren Werte und Ideen auf ewig aufbewahrt (ϑησαυριζειν) sind. Er verkörpert gleichsam selbst die Totalität der Ideen, die Geist und Sein in sich tragen und sind.

7. Er *personifiziert sich in der Gestalt des Großen Demiurgen* (JHWH, Amen oder Maheshwara, als Anfang und Ende der Schöpfung). Plotin nennt die ψυχη im Gegensatz zum welttranszendenten νους als dem πρωτος ϑεος, den δευτερος ϑεος oder zweiten Gott. Er ist die Manifestation des Logos als Seele und in ihrer Gestaltwerdung der höchste personhafte Gott als Anfang der Schöpfung. Seele und Schöpfergott sind also nicht nur von gleicher Seinsordnung, sondern überhaupt identisch.

Dem Logos wird ferner das Prädikat „der Erstgeborene" (πρωτογονος) als eines seiner Attribute zugeschrieben. Auch wird er als υιος ϑεου oder Sohn Gottes bezeichnet. (Philo, Plotin) Die Christen identifizierten den Logos mit dem kosmischen Christus. Vielmehr ist Christus die Ausstrahlung (ακροβολισμος) des Logos, seine Entfaltung in Seele und Kosmos als geistiges Licht (φως).

In diesem Sinne heißt es: „Christus, der Sohn Gottes ist das ewige Gesetz (αιωνιος νομος) des ganzen Kosmos" und „der Logos, an dem das ganze Menschengeschlecht teilhat (μετεσχε von μετεχειν)". (Justin)

In dieser Aussage wird der Inkarnation des Logos Rechnung getragen. Er ist jetzt σαρκοποιηϑεις (fleischgeworden) und μορφωϑεις (gestaltgeworden). Christus „ist vorher der Logos gewesen" (προτερον λογος ων), und dieser Logos ist „später Mensch geworden" (υστερον ανϑρωπος γενομενος). (Justin)

Vom obersten Ursprung her gesehen sind im göttlichen Haupt drei Logoi zu unterscheiden. Diese sind Anfang, Leben und Licht und werden in JHWH, dem BAUM DES LEBENS und CHRISTUS als dem LAMM bzw. WORT GOTTES personifiziert. (Offenbarung 1. 8; 3. 14; 5. 6, 13; 22. 1 – 2) Die Inder identifizierten diese drei Aspekte mit der Trinität von Brahma, Vishnu und Shiva. Die Ägypter nannten sie Ra bzw. Amun-Re, Osiris und Horus. Osiris wurde treffend auch als der Ba des Ra, die Seele des Ra bezeichnet; Horus ist das Licht, das aus Isis geboren seinen Vater stützt. Es ist das in der durch Tod und Auferstehung gegangenen Seele geborene Licht, der in der Seele geborene Christus, der sie zur Fülle ihres Seins und Lebens und ihrer Vollendung in Gott führt. Das ist christliche und ägyptische Mythologie.

Die energetische Ur-Manifestation des Logos ist das kosmische Feuer. Dieses bricht aus Ajin Sof oder Brahman über den Horizont des Seins hervor und bildet die Ursubstanz aller geschaffenen Wesen und Dinge. Feuer ist ihr Stoff. Es ist die Grundschwingung, die sich als OM ausbreitet und im Sohar als „erster Durchbruch" und „höchster Punkt" bezeichnet wird. Aus diesem kosmischen Urfeuer geht als erstes der Große Demiurg, sodann das ganze Heer der Götter und elementarischen Wesen hervor. Das OM als Urlaut und Urlicht bildet die Grundschwingung aus der in einem großen Wurf das ganze Universum sich entfaltet.

In der Tat ist die erste konkrete Manifestation des Demiurgen die Zentralsonne. Im Sanskrit wird sie als Hiranyagarbha (Devanagari: हिरण्यगर्भ) bezeichnet; das heißt soviel wie ‚Urei der Schöpfung'. Aus ihm stieg der erste personifizierte Gott – der platonische Demiurg – hervor. Dieser hat sich am Anfang in der Gestalt eines geflügelten Sphinx offenbart.

Ich kenne einen Mann, der in einer Meditation mit Ausrichtung auf den Horizont der Welt von einer gewaltigen Vision überwältigt wurde. Mit innerem Blick auf den Horizont der Welt wurde er von der Schau und Erfahrung eines über diesen Horizont hereinbrechenden glühenden Feuersturm gefesselt, der sich in gewaltiger Wucht und Schnelligkeit über den ganzen Himmel ausbreitete und sich über ihm als feuriger Sphinx formierte, dessen Flügel sich nach beiden Seiten über den Himmel erstreckten.

Ich zitiere hier die Aufzeichnungen aus seinem Tagebuch:

„Wende mich der Betrachtung des Horizonts im Osten zu.

„Schaue in die Mitte, jenen Punkt am Horizont, wo morgens die Sonne aufgeht.

„Plötzlich sehe ich dort in der Mitte am Sonnenaufgang eine gewaltige Explosion von Licht und Feuer – wie, wenn ein Sturmbraus sich erhebt … jedoch aus feuriger Urgewalt. Schnell wie ein Blitz, der im Osten aufgeht: Die Emanation des Logos als feuriges Sonnenwesen – schießt über den Horizont … der Lichtbraus schießt mit Urgewalt und unbezähmbarer Schnelle über den Himmel und bildet dabei die Gestalt eines riesigen Sphinx, der über mein Haupt dahin fährt. Sein „Licht" „verdunkelt" den Himmel über mir. Nach oben schauend sehe ich an seinem Leib zwei gewaltige Schwingen oder Flügel, die sich über den ganzen Himmel ausbreiten. Herrlich anzusehen.

„Ich erlebe eine ungeheure Kraft mich erfassen und neu beleben. Fühle mich danach stärker denn je und spüre den Drang mich zu bewegen – etwas zu tun. Gehe in die Küche zum Abwasch."

Das scheint eine Schau des Urbeginns der Schöpfung gewesen zu sein. Das ist es, was der Sohar in seinem berühmten Wort vom Anfang aller Dinge andeutet – das Hervorbrechen des Urfeuers aus Ajin Sof: „… da entsprang aus einem unsichtbaren Quell eine Kraft … sie durchbrach und durchbrach nicht die himmlische Aura, die sie umgab, bis infolge der Wucht seines Durchbruchs sich Licht in allen Farben nach unten hin ergoß. … das erste Schöpfungswort" (Frei nach Sohar, Megilla 21)

Als allererste Manifestation Brahmans – des Nous oder Anuttara, der absoluten Wirklichkeit des unmanifestierten Sat-cit-ananda – wird diese Kraft zum Anfang und Haupt der Schöpfung. Der Sphinx ist Symbol des ersten Logos. Aus ihm sind später all die Götter, Seelen und mit ihnen das ganze Universum (Sanskrit: Jagat) hervorgegangen. Diese Urgötter wurden schließlich selbst zu Schöpfern ihrer je eigenen Welten.

Zu den obersten zählen JHWH, der Gott Israels, Shiva, der Hochgott der Hindus und Pan Gu, der erste Gott der Chinesen. Jeder dieser

Götter hat ein Heer von individuellen Seelen erschaffen, deren Herr und fürsorglicher Vater er ist. Obwohl alle diese Götter substantiell eins sind, erfahren manche Seelen doch deutlich ihre Zugehörigkeit zu je einem bestimmten der Hochgötter, was sich später, im Laufe ihrer spirituellen Emanzipation, wo sich jeder als eins mit Brahman, dem transzendentalen Urgrund, in dem alles seinen höchsten Ursprung und letzten Seinsgrund hat, nivelliert. Die Gottesnamen JHWH und EHJEH ASHER EHJEH (ICH BIN, DER ICH BIN oder ICH WERDE SEIN, DER ICH SEIN WERDE), die laut Überlieferung Selbstoffenbarungen des Gottes Israels sind, bedeuten und entsprechen am tiefsten und allgemeingültigsten dem, was die personifizierten Götter allesamt ausmacht und sind, am unmittelbarsten jedoch gilt dies für den Sphinx als erste Manifestation des Logos und Anfang aller Wesen und Dinge.

Der Sphinx, dessen Name sich vom Altägyptischen „Shesep Ankh" (lebendes Abbild) ableitet, ist nur eine der Erscheinungsformen Hiranyagarbhas, der Zentralsonne, als Ursprung von Allem. Er ist androgyn und seine schöpferische Urkraft differenziert sich in sieben Kräfte, die als die sieben Strahlen oder Sapta Shaktis bzw. Sapta Matrikas (die sieben Shaktis oder Kräfte bzw. Urmütter (Para, Cit, Ananda, Jnana, Iccha, Kriya und Anubhava Shakti)) bekannt sind. Sie entsprechen den sieben Farben des Lichtes und den sieben Tönen der Oktav. Durch sie wirkt die Gottheit und lenkt und leitet die Welten und ihre Bewohner. Sie entsprechen den sieben Aspekten oder Urqualitäten, in denen sich der Logos offenbart und seine Werke wirkt. Sie werden als „Wille", „Liebe-Weisheit", „Aktive Intelligenz", „Schönheit-Harmonie", „Konkrete Erkenntnis und Wissenschaft", „Hingabe und Idealismus" und „Zeremonielle Magie" genannt. Dies sind die konventionellen Bezeichnungen der sieben Strahlen, die sich – wie wir später zeigen werden – ihrerseits in der Ordnung des kabbalistischen Sefirot-Baumes zu einem ganzheitlichen Gefüge strukturieren.

Ist der Logos der υιος θεου (Sohn Gottes), so nennt Philo die Seele bzw. den Kosmos den δευτερος υιος (den anderen Sohn). Demiurg, Seele und Kosmos sind somit von gleicher Ordnung.

8. versteht sich der Logos als Träger und *Mitte des reinen universellen Bewußtseins* (Sanskrit: Cit, Griechisch: Nous); als diese bildet
er das reine Ich-Ich, das ohne jede Beziehung zu irgend Anderem aus
sich selbst leuchtet.

Er ist das *Licht des „ICH-BIN", das eine metaphysische oder transzendentale Ich* (das eine transzendentale und universelle Subjekt) und
der Träger des Ich-Bewußtseins in allen Wesen und deren leuchtende
Mitte.

Dieser Aspekt wird insbesondere bei Philo und Clemens stark betont:

„Der Logos ist des Menschen Ich." (Clemens)

Paulus war es, der mit seinem εν εμοι (in meinem Ich) erstmals die
Beziehung des Logos-Christus zum Ich bestimmt hat. Er bringt damit
zum Ausdruck, daß der Geist der Welt im Innern des Menschen seinen Wohnsitz (οικον) hat. Es ist das metaphysische Ich der eine allgemeine Angelpunkt sowohl des Mikrokosmos des Menschen als
auch des Makrokosmos der Welt, von Menschengeist und Weltgeist,
Mikrologos und Makrologos gleichermaßen, dasjenige Eine, von dem
es heißt, daß es alles weiß (εν παντα ειδεναι).

„Der Logos ist nicht Einziger als Einzelner, nicht Individualität als
solche, für sich und neben anderen. Er ist auch nicht ein zusammengesetztes Vielfältiges, keine Individualität im strengen Sinne. *Er ist
der einzige Eine, der das Ganze des Alls in seiner Ganzheit als dessen Ich umfaßt.* Wie der Mensch alle Kräfte, die sich in seinen Glie-
dern regen, in seinem Ich unter eine Einheit zusammenfaßt, so der
Logos den „Kreis aller Kräfte" des Kosmos. Desgleichen wird umgekehrt der Mensch durch die Erfüllung mit dem Logos „monadisch",
das heißt zu einem Ich als Abbild der Weltenmitte.

„Der Mensch wird – durchdrungen vom Logos – zum ICH der
Welt, zum Abbild des universellen ICH."

„Der ... Logos ist die Sonne der Seele. Durch sie wird ihr Auge erleuchtet." (Clemens)

„Der Logos ist das Licht der Welt."

Plotin nennt ihn das Individuationsprinzip. (En. V, VII, (18), 1, 18)
Desgleichen offenbarte er sich selbst durch das Wort McDonad-

Bayne's: „Der Christus ist die offenbarte Individualität des Vaters; es gibt keine Trennung zwischen dem Christus und dem Vater, denn sie sind eins. Der Vater, der sich durch die Individualität offenbarte, ist der Christus in euch.

„‚Du bist, weil Gott ist' ... Es gibt keine Trennung, weil es nichts außerhalb von Gott gibt. Es gibt keine Teilung in Gott.

„Ihr seid Individuen geworden, weil der Vater sich selbst durch sein Wort in euch individualisiert hat; so offenbart ihr das Leben des Vaters.

„Wo du im Augenblick bist, bist du, weil Gott ist, wo du bist; und niemand anders kann deinen Platz ausfüllen im vollkommenen Plan des Kosmos." (Murdo McDonald-Bayne: Göttliche Heilung, 5. 48, 57 – 58; 6. 55 – 58)

9. Er ist Ursprung und Wurzel unseres *individuellen Geistes*, der Welt und aller Kreaturen (das ist: aller lebenden Wesen und geschaffenen Dinge). Den Menschen betreffend sagt Clemens: „Abbild Gottes ist der Logos, Abbild des Logos aber ist der Mensch, der Geist im Menschen ...", von dem es deshalb heißt, daß er nach dem „Bilde Gottes und seiner Ähnlichkeit" (Gen. 1. 26) geschaffen ist." „Jeder Mensch ist durch seine Vernunft mit dem göttlichen Logos verwandt, da er als Abbild seines seligen Wesens geschaffen ist; in der Gliederung seines Leibes aber gleicht er dem ganzen Kosmos, da er aus den gleichen Elementen zusammengesetzt ist, wie dieser." „Der Logos, der Älteste (Sohn) des Seienden (des Vaters), ist in den Kosmos wie in ein Gewand gehüllt[1], in Erde und Wasser, in Luft und Feuer und in alles, was darin enthalten ist." (Philo)

Es gibt zwei Tempel Gottes. Der eine ist der Kosmos, und in ihm waltet als Hohepriester der Erstgeborene, der göttliche Logos; der

---

[1] Im Shaivismus heißt es: die Konstitution des Purusha (des kosmischen Subjekts) bedingt mit sich zugleich Prakriti, die Welt der objektiven Erscheinungen. Beide entstehen zugleich und komplementär zueinander im fortgeschrittenen Stadium der Subjekt-Objekt-Scheidung.

zweite ist die logos-erfüllte (λογικος) Seele. Darin waltet als Priester der wahre Mensch (προς αληθειαν ανθρωπος), das ist des Menschen Geist.

„Der Herr wohnt in Seinem heiligen Tempel: dem Tempel, nicht von Händen erbaut, sondern durch das Wort, das aus dem Munde Gottes strömt – und „ICH BIN" das Wort; nichts ist ins Dasein gekommen, außer durch Mich.

„Der Himmel ist das Königreich des Innersten oder Geistigen, auch Christus-Bewußtsein genannt, der Tabernakel des Allerhöchsten." (Murdo McDonald-Bayne: Göttliche Heilung, 4. 51; 8. 1)

10. Er ist die Wurzel unserer Vernunft, unseres *Unterscheidungs-, Urteils- und Erkenntnisvermögens*, sowie der synthetischen und apperzeptiven Einheit des Bewußtseins. Der Logos ist geradezu der Inbegriff der göttlichen Vernunft schlechthin und diese durchdringt das All und den Geist des Menschen in gleicher Weise. Deshalb heißt es auch: der Geist des Menschen ist von der Form des Logos (λογικον - vernünftig, logosförmig), dessen Abbild. Dieser ist aber nicht nur dessen Ursprung und Wesen, sondern selbst sein leuchtender Kern. Er ist sein Licht und Leben.

11. Im Menschen hat der Logos seinen Sitz im Herzen und ist der *Träger unseres Gewissens*.

12. Er ist die *Kraft der Auferstehung und des Lebens* in uns.
„‚Was vom Fleische geboren ist, ist Fleisch; was vom Geiste geboren ist, ist Geist'. Das Fleisch unterliegt dem Gesetz des Todes und des Verfalls, der Geist aber ist ewiges Leben. ‚Ich bin die Auferstehung und das Leben'. Der Logos ist die Kraft in uns, die uns aufrichtet und erhebt, und die Schwere der Erde und des Irdischen überwindet. Das Erwachen im Selbst führt uns zum Gewahren der Macht des ICH BIN, die unzerstörbar ist.

„‚Ich bin Alpha und Omega, der Anfang und das Ende'; Ich trage Himmel und Erde und bin die sichere Stütze für alles, was Ich geschaffen habe. In Mir selbst bin ich Anfang und Ende, Ich bin Er, von dem die Propheten gesprochen haben; Ich bin der Herr, der Christus, der in allen und jedem einzelnen von euch wohnt, und aufrichtet, was geknickt oder gebrochen ist, und es gibt keine Trennung zwischen uns.

„Die Worte ‚Lazarus komm heraus' und ‚Thalita khumi' waren aus der Tiefe des Seins gesprochen, aus dem Grund, aus dem alle Kraft und alles Leben emporsteigt. Wer dort seinen Sitz aufgeschlagen hat, wird die gleichen Werke verrichten wie Ich und noch größere. Auch ihr könnt das Wort sprechen, wenn euer Bewußtsein von der Kraft des Logos erfüllt ist, und was ihr sprecht, wird sein. Sprecht nicht, ich möchte oder ich wünschte, sondern: ‚es sei'. Und eure Worte werden nicht leer zu euch zurückkehren." (McDonald-Bayne: Heilung, 1. 34, 55)

All das ist der Logos.

Die einen derart verstandenen Logos fassende Logoslehre inkludiert ganz selbstredend die Gedanken Heraklits, Platos, der Stoa, Plotins, Dionysius Areopagitas, Origenes', Augustins, Duns Scotus', Anselms, Ockhams, Eriugenas, Meister Eckharts, Cusanus', der Upanishaden, Adishankaras, des Kashmir Shaivismus, des Buches Bahir, des Sohar, Luzzatos (Ramchals), Baal-Shem-Tovs, Reb Nachmans, Beinsa Dunovs, Mikhael Aivanhovs wie auch Plancks, Einsteins, Schrödingers, Paulis, Poincarés, Heisenbergs, C. F. v. Weizsäckers, J. A. Wheelers, Sir John Eccles', Jungs, Tillichs, Assagiolis, E. F. Schumachers, u. v. a. m.

Vor und über dem Logos steht nur das reine einfache Eine (ην). Er selbst steht auf der Höhe des Seins in Form reinen Bewußtseins (Nous, Cit). Er verkörpert das dem Nous innewohnende Leben. Das Bewußtsein ist – wie er – zugleich transzendental und immanent, und damit auch der inwendige Zeuge unserer Gedanken, Worte und Taten, wie überhaupt all unserer Wahrnehmungen und Erfahrungen, mit einem Wort unseres ganzen Seins und Innenlebens.

Dieses universelle Bewußtsein ist das universelle Subjekt jenseits aller Namen und Formen, der Logos des ICH-ICH aber dessen Mitte.

Der Logos ist seine schöpferische (projektive und unterscheidende) Kraft (Vikshepa- und Sankalpa-Shakti), der Ursprung und Anfang der Schöpfung, die alles bewegende und erhaltende Kraft. Er ist die Wurzel aller anderen (geistigen, mentalen, psychischen und physischen Kräfte), die Wurzel aller Dinge, Kern und Mitte der Schöpfung und unserer selbst. Er ist Ursprung, Quell und Mitte von Licht und Leben in uns (in Geist, Seele und Leib). Alles ist Aufrollung (complicatio et evolutio) des Logos.

In christlicher Diktion werden alle diese Prinzipien üblicherweise ausschließlich in ihrer personifizierten Form angesprochen. So lesen wir etwa bei Athenagoras: „Da der Sohn im Vater und der Vater im Sohne ist durch die Einheit und Kraft des Geistes, so ist der Sohn Gottes der Gedanke und das Wort (Logos) des Vaters. Er ist dem Vater der Ersterzeugte. Nicht als ob er entstanden wäre; denn von jeher hatte Gott als ewige Vernunft (αιδιως λογικος) selbst das Wort (Logos) in sich, da er nie ohne das Wort ist; sondern der Sohn ist [aus dem Vater] *herausgegangen,* um für alles Geschaffene das Urbild und die schöpferische Kraft zu sein." (Athenagoras)

„Der Sohn hat nur Leben in sich, weil der Vater Leben in sich hat. Das Leben, das ewig in Ihm ist, das gibt Er auch allaugenblicklich Seinem Sohn. Das Leben im Vater ist dasselbe Leben wie das Leben im Sohn." (McDonald-Bayne: Göttliche Heilung, 4. 15; 5. 58)

„In Ihm leben und regen sich alle und haben ihr Sein." ... „Eins seid ihr untereinander in Meiner Liebe, denn Ich und der Vater sind eins; Ich in euch und der Vater in Mir und Wir bleiben in euch. Ihr alle, der Vater und Ich sind eins; es gibt keine Trennung in Gott."

Gott ist durch den Logos Du und Ich geworden und alle Vielfalt. Durch ihn und in ihm spricht Er sich aus in uns. Seinem Intendieren entspringt die ganze Welt. Er ist der Weinstock, wir sind die Reben.

„Der Logos aber ist das Leben und das Leben ist das Licht des Menschen." (Joh. 1) „Ich bleibe in euch, und ihr bleibt in Mir; ebenso wie ein Zweig nicht Frucht bringt aus sich selbst, wenn er nicht am

Weinstock bleibt, so könnt ihr nicht Frucht hervorbringen, wenn ihr nicht in Mir bleibt.

Der Sohn hat Leben in sich, weil der Vater Leben in sich hat. Das Leben, das in Ihm ist, ist ewig und das gibt Er auch ewig Seinem Sohn. Das Leben im Vater aber ist dasselbe Leben wie im Sohn." (Murdo McDonald-Bayne: Göttliche Heilung, 4. 9, 15; 5. 9; 5. 13 – 14)

1. 1. 1 Der Logos als Ursprung, Ende und Mitte der Welt

Der Logos als undifferenzierte, dem Nous innewohnende Fülle bildet dessen lebenden Kern und schöpferisches Potential. Es ist Ideenfülle und Fülle von Kraft in Einem. Tritt er in den Akt, so bringt er diese Fülle als Gottheit, Seele und Schöpfung zur Entfaltung. Und, was er hervorbringt, das beseelt er mit Geist, Licht und Leben und drängt es von innen her zu seiner Vollendung.

Er ist das Prinzip des Werdens und des Wandels schlechthin. Und es gibt zwei Grundformen des Werdens. Die erste ist das Entstehen bzw. Hervorgehen eines Seienden aus der Totalität des Seins. Die zweite ist die Veränderung eines Seienden hinsichtlich seines Ortes oder seines So-Seins (als Wechsel der Attribute). Beide Formen haben ihre Ursache in der Produktivität und Tätigkeit des Geistes, namentlich des Logos und manifestieren sich auf der jeweils entsprechenden Seinsebene des Gewordenen.

Während das Hervorgehen ein schöpferischer Akt des Geistes ist, sind Wandel, sprich Werden und Vergehen die natürlichen Signaturen alles Geschaffenen. Alles, was einen Anfang hat, steht unter dem Gesetz des Wandels; es ist Zeit und Zeitlichkeit unterworfen, ja mehr noch: die naturgemäße Veränderlichkeit der gewordenen Dinge bildet den Ursprung und das Maß von Zeit überhaupt. So sind die vergänglichen Dinge einem Prozeß innerer und äußerer Veränderung unterworfen, welcher durch die ihnen eingezeugte Eigengesetzlichkeit vom Logos her bestimmt wird. Ein jegliches Ding bringt einen inneren Impuls mit in sein Da-Sein, der – zusammen mit den Wechselwirkungen, die es mit seiner Umwelt eingeht – seine Bewegung und seinen Entwicklungsgang bestimmt. Werden und Vergehen ist der Gang alles Sinnfälligen.

Was sich an bzw. in den Dingen verändert, sind nicht ihr Sein und ihre Identität, sondern deren Attribute und Relationen, ihre Lage, ihre Gestalt und ihre Eigenschaften. Insbesondere Gestalt und Eigenschaften eines Gegenstandes, gleich ob mentaler, astraler oder physischer Natur, sind Ausdruck einer Partizipation des Seienden an bestimmten Eiden und Ideen, deren Koinzidenz das Seiende als das bestimmt, was es ist. Wandel im So-Sein (sprich in Gestalt und Eigenschaften) gründet in einem Wechsel der teilhabenden Ideen.

Zumal die Ideen ewig und unveränderlich sind, kann Veränderung überhaupt nur als Wechsel der Anteilnehmenden Ideen begriffen werden. Nicht die Ideen ändern sich, sondern deren Anwesenheit in den Dingen.

Die Vorbedingung des Erscheinens eines Seienden (auf der Bühne von Raum und Zeit) ist die im reinen Sein als dem Umfassenden des Einen-Vielen der Ideen (=dem Ideenkosmos) angelegte Vielfalt an Bestimmungsmöglichkeiten. Der schlußendliche Ursprung und die effektive Bedingung des Hervorganges der gewordenen Dinge aber ist die Produktivität des universellen Geistes vermittels des Logos.

Der Grund der Produktivität des Geistes wiederum ist die Ideenfülle, mit der er sich im Hinblicken und Rückbezug auf das Eine selbst erfüllt. Hierin liegt der Ursprung alles Quellens und Gebärens von Sein und Geist, das ist der der Selbstoffenbarung des reinen „Ich-Bewußtseins" als ein „Dies" und „Das".

Der Logos erweist sich damit zugleich als die eine einende und zusammenfassende Kraft des Geistes (Bewußtseins) sowie als das schöpferische Wort (Paravak), in dem sich die in der Selbstbeschauung des Geistes erwachenden Ideen aussprechen (Engl.: reverberate, utter). Durch ihn werden sie manifest und nehmen konkrete Gestalt an. Sie werden zu Seiendem, d. i. zu konkreten Formen der Selbstoffenbarung des transzendentalen Seins bzw. des reinen Geistes oder Bewußtseins (νους).

Sein *ist* ja reiner Geist (Bewußtsein) und der Allgeist ist das Sein. Er ruft sich selbst aus als „Ich Bin", als „derjenige, der sich aus sich selbst erschuf." Das ist das Idein, die Gestaltwerdung der Ideen als der Anblicke des Geistes seiner selbst. Die Schau der Ideen ist zugleich der Anfang aller Selbstoffenbarung des Geistes wie auch des Werdens der manifesten Dinge. Hier nehmen Zeit und Manifestation ihren Ursprung. Alle besagte Differenzierung der Ideen ist noch kein Akt des Werdens, sondern allein dialektische Rede *vom Sein und Grund* des Werdens und der Vielfalt.

Der Logos ist das Prinzip der Dialektik, die Dialektik ist sein Prinzip. Denn es ist sein Wesen, differenzierte Einheit in ihre Vielfalt aufzuschließen und Vielfalt unter ihrer ursprünglichen Einheit zu umfassen. Er ist das Prinzip des Werdens und Entwerdens, der allaugenblicklichen Erneuerung der Schöpfung und des Lebens, unser aller Erhalter und Ernährer, unser innerer Halt und unsere eigene Mitte. Er ist die obere Wurzel unserer Seele und ihr Licht und Leben. Er ist das Ich aller Ichs und die lebende Seele des Kosmos.

Was er hervorgebracht, führt er auch zu seiner Bestimmung, das ist letzte Seinsvollkommenheit und umfassende Vollendung. Er ist das allem innewohnende Gesetz und das letzte Richtmaß von Himmel und Erde. In ihm sind Wahrheit, Weisheit und Gerechtigkeit und jede denkbare Bestimmung und Tugend. Er entfaltet das Urwort als Licht, Form und Klang und das Licht in die Vielfalt der Farben.

Er ist das Amen der Propheten und das Om der Veden. Er ist die Weisheit der Weisen und die Erkenntniskraft und Gelehrsamkeit seiner Jünger. Er ist das einzige Thema aller Heiligen Schriften und der wahre Gehalt aller Wissenschaft. Er ist die Mutter aller Töne und Klänge sowie der himmlischen und der irdischen Musik. Er ist der Odem in unserer Seele und der Stoffwechsel in unserem Leib. Er ist die Kraft unserer Gedanken und die Hingabe unseres Herzens.

Alles, was ist, ist aus und durch ihn, und nichts was ist, ist ohne ihn. Er ist alles was ist, und doch ist er nichts von allem. Er ist der Ursprung und auch das innere Wesen aller Dinge, die Bedeutung aller Sprachen, Worte und Gedanken sowie deren letzter Ausklang in die ewige Stille. Er ist das A und das Ω und aller Dinge Mitte. Er ist unser Werden und unser Vergehen und unser letztendlicher Aufstieg zu Gott.

In seiner Urform als Klang und Laut schwingt er in der Sanskritsilbe ‚Aum‘, worin das ‚A‘ für das Aufsteigen ihres Klanges aus der Stille des Seins, das ‚U‘ für ihre Ausbreitung in Raum und Zeit und das ‚M‘ (Bindu) für ihr Verklingen in der Stille der Transzendenz steht. Somit ist das ‚Aum‘ Symbol und Klangform des Werdens und Vergehens des Universums und aller Dinge. Alles entsteht als Schwingung am Horizont der Welt und geht seinen ihm aus seiner Ursprungkraft erwachsenden Weg. All die vergänglichen Dinge sind in ihm umfaßt und haben ihre Resonanz im Klang des Aum in unserer Seele. Sie selbst findet in ihm den tragenden Impuls zu ihrer Rückkehr in Brahman. Das ist der Weg alles Geschaffenen.

Dieser Gedanke, nach dem alles Seiende vermittels der Kraft des Logos zur Manifestation drängt, wird im Sohar in poetischer Weise ausgedrückt: ... „nicht weiß, nicht schwarz, ... und von keinerlei Farbe überhaupt; ...ohne Maß und Ausdehnung, ..., [bis] im Innersten ein Quell entsprang, aus dem Farben auf alles Untere sich ergossen. ... Der Quell durchbrach und durchbrach doch nicht (den ihn umgebenden Äther) und war ganz unerkennbar, bis infolge der Wucht seines Durchbruchs ein verborgener höchster Punkt aufleuchtete. Über diesen Punkt hinaus ist nichts erkennbar, was erkennbar ist und darum heißt er Reshit, Anfang ... das erste Schöpfungswort.“ (Sohar, Megilla 21b). Das aber ist das Aum.

Somit ist der Logos das Erste und das Letzte, was sich erkennen und sagen läßt. Was darüber hinausgeht, darüber müssen wir schweigen.

1. 1. 2 Der Logos als Ursprung und Platzhalter der (noetischen) Vernunft in Mensch und Kosmos

Der „Mensch“ ist ein Bild des Logos und Teilhaber an der göttlichen Vernunft. Er ist ein vernunftbegabtes Wesen und das hat er von seinem Urbild, dem Logos. Die Vernunft als Aspekt des Logos wiederum ist ein Abbild des Einen und manifestiert sich deshalb als das Prinzip „Ordnung“.

Auch *Kosmos* heißt Ordnung. Ordnung aber ist der unmittelbare Ausdruck von Vernunft und Intelligenz. Diese wiederum bilden das ideelle Wesen des Logos.

Alles Geschaffene steht vermittels des Logos in einem inneren, wohlgeordneten Zusammenhang. Alles ist mit Allem verbunden und es gibt nichts vom Logos Beseeltes, das nicht von innerer Ordnung erfüllt und dem als partikuläres Dieses nicht ein bestimmter Ort innerhalb der Kette des Seienden und seiner Entelechie zugeteilt wäre. Jedes Ding und Wesen hat seinen Platz in der Hierarchie des Seins und seine Aufgabe innerhalb der göttlichen Ordnung des Logos und auch dies ist Ausdruck seiner Allvernunft.

Alle Evolution und Entwicklung ist auf ein Ziel (τελος) und eine Bestimmung hin gerichtet. Diese besteht in der Verwirklichung der in den Wesen und Dingen von ihrem Urbild her angelegten Vollkommenheit. Die Kraft, die jene Entwicklung bewirkt, ist das in ihnen eingeborene Inbild als Abbild ihres Urbildes. In der Erfüllung dieses Ziels liegt der Sinn aller Evolution und die Bestimmung allen Seienden. Mensch und Kosmos haben im Logos ihren gemeinsamen Ursprung. Und als Abbild des Logos ist der Mensch ein Analogon des Kosmos. Mensch und Universum entsprechen einander.

Die Alten sagten: „Jeder Mensch ist durch seine Vernunft mit dem göttlichen Logos verwandt, da er als Abbild und Abglanz seines seligen Wesens entstand; in der Gliederung seines Leibes aber gleicht er dem Kosmos, da er aus den gleichen Elementen zusammengesetzt ist." (Philo) Als Abbild des Logos ist der Mensch ein Analogon des Kosmos. Mensch und Universum entsprechen einander.

Die Vernunft des Logos, die sich in unserem Herzen als wahres Gefühl kundtut, bildet das Hegemonikon, das – so wir uns seiner bedienen – unser Leben weise leitet und uns zur Verwirklichung unserer göttlichen Bestimmung führt. Kant sagte: „Unmündigkeit ist die Unfähigkeit des Menschen sich ohne Vermittlung eines Dritten eigenständig der Vernunft zu bedienen." Gott aber ließ den Menschen nicht allein, sondern beauftragte seine Diener – die Wesenheiten des Lichtes – sie aus der geistigen Welt zu begleiten, zu führen, zu heilen und zu inspirieren. Schon zuvor sandte er der Menschheit den personifizierten Logos sowie dessen Knechte und Propheten, um sie zur Mündigkeit zu erziehen. Paulus nannte den Logos deshalb auch: „Der den Willen des Vaters vollführt ist der Mittler; denn ein Mittler ist der Logos, der beiden gemeinsam ist: er ist Gottes Sohn und das Heil der Menschen; er ist Gottes Diener und unser Erzieher."

„Der Logos öffnet uns die Augen der Seele." (Origenes) Und sind unsere Augen – das ist das Sehen und Fühlen über die Tiefe des Herzens – sehend geworden, so erkennen wir ohne Umschweife welche Wege wir gehen wollen und wohin uns das Licht des Logos führen möchte. Diese vom Logos geführten Wege sind in jedem Falle die Wege der Erkenntnis und der Liebe. Es ist der Weg über die Selbst- und Herzenserkenntnis zur Wahrheit unserer selbst und damit zum Aufstieg zur Welt der Ideen und des reinen Geistes. Wie es heißt: „Im Erkenntnisprozeß führt [uns] der Logos über die erschaffene Welt hinaus in das Unsichtbare. Diese Führung ist die Vorstufe zur Schau seiner Herrlichkeit." Aufstieg aber ist geistiges Leben. Darin kommen wir zur Verwirklichung unserer Bestimmung in Gott.

„Wer sein Leben der Wahrheit zuwendet, wird vom Menschen zu Gott." (Clemens) „Die durch den Logos zu Gott gelangt sind, werden nur noch das Eine verrichten: Gott so schauen, daß sie in der Schau des Vaters zur vollkommenen Sohnschaft reifen." (Origenes) Denn, was ein Mensch innerlich schaut, darin gewinnt er Anteil mit seinem Wesen.

1. 1. 2. 1 Denken und Vernunft

Um zur Vollmacht göttlicher Vernunft zu gelangen, will der Mensch lernen, jeden Schein und alle Irrtümer des Denkens abzulegen. Voraussetzung hierfür sind Selbsterkenntnis und eigenständiges, unterscheidendes Denken (auch als Nachvollzug göttlicher Offenbarung und Weisheit).

Heraklit sagte: „Nicht mich, sondern den Logos hörend ist es weise, damit übereinzustimmen, daß das Wissen von Allem in Einem enthalten ist." Und Paulus kommt zur unmittelbaren Konsequenz: „Nicht ich, sondern Christus in mir."

Auch heißt es: „ξυνον εστι πασι το φρονειν." - „Gemeinsam ist allen (Menschen und Göttern) das Vermögen des Denkens." (Heraklit: Fragmente B 113) „Weisheit besteht darin, den Logos (als das erkennbare Vernunftprinzip) zu erfassen, das Alles mit Allem durchwaltet." ... „Obwohl der Logos das Gemeinsame ist, leben die meisten, als ob sie eine ιδεα φρονησις – Privatvernunft hätten."

Der Begriff ιδεα φρονησις ist Ausdruck für die egozentrische Verblendung im Individualismus der Meinungen. An die Stelle des Logos stellen wir αισθεσις und δοχαι – Sinneseindrücke und Meinungen: „Von dem Logos, dem Lenker des Alls, mit dem die Menschen am engsten und ständig vereint sind, sondern sie sich ab, und fremd erscheinen ihnen die Dinge, auf die sie jeden Tag stoßen."

Dennoch:

„Zwischen den Göttern und Menschen herrscht Gemeinsamkeit (κοινωνια) durch den Anteil am Logos, der auch das Gesetz des Werdens ist." Areios Didymos Seneca und Marcus Aurelius setzen fort: „κοινος θεοις και ανθρωποις λογος" – „Der Logos ist den Göttern und Menschen gemein. Bei den Göttern ist er vollkommen, bei den Menschen vervollkommnungsbedürftig."

„σωφρονειν αρετη μεγιστη και σοφιη αληθεα λεγειν και ποιειν φυσις επαιοντας. - „Das Denken ist das größte Vermögen, Weisheit aber ist, das Wahre zu sagen, und zu tun, was das Wesen gebietet." (Heraklit: Fragmente B 112)

„Der Logosdurchdrungene ist Genosse der Götter." (Seneca)

„Euer eigentliches Leben ist verborgen mit Christus in Gott. Wenn aber Christus, der euer Leben ist, offenbar wird, so wird sich auch euer eigentliches Wesen mit ihm offenbaren im Leuchten des Geistes." (Paulus)

1. 2 Zum Logosbegriff Meister Eckharts

Ich möchte im Folgenden ein paar Grundzüge der Logoslehre Meister Eckharts darstellen, wie er sie in seinem Johanneskommentar niedergelegt hat und wie sie bei Alois Dempf wiedergegeben sind:

In der Expositio Sancti Evangelii secundum Ioannem heißt es unter anderem:

„Es ist naturgemäß und gilt allgemein, sowohl im Bereich des Göttlichen, von dem hier die Rede ist, als auch in Natur und Kunst, daß das von einem Hervorgebrachte oder aus ihm Hervorgehende vorher in ihm ist.

Es ist in ihm enthalten wie der Same in seinem Ursprung.

Es ist das Hervorgehende in dem Hervorbringenden wie die Idee und das Gleichnis, in dem und nach dem das Hervorgehende von dem Hervorbringenden hervorgebracht wird.

Zudem muß man aber wissen: dadurch, daß etwas aus einem andern hervorgeht, wird es von ihm unterschieden. ... Hierbei ist zu bemerken, daß da, wo eine analoge Beziehung vorliegt, das Hervorgebrachte immer niedriger, geringer, unvollkommener als das Hervorbringende und ihm ungleich ist; bei gleichartigen Dingen ist es ihm aber immer gleich: es nimmt nicht etwa nur an derselben Natur teil, sondern empfängt sie von seinem Ursprung schlechthin ganz, ohne Abzug und in derselben Vollkommenheit.

Daraus folgt, daß – wo eine analoge Beziehung vorliegt, das Hervorgebrachte zwar vom Hervorbringenden abstammt, aber unter seinem Ursprung und nicht bei ihm ist. Ferner wird es ein anderes der Natur nach, und so ist es nicht der Ursprung selbst. Nichtsdestoweniger aber ist es, insofern es in ihm ist, dasselbe der Natur wie dem Selbst nach.

Eckhart gebraucht sodann Kunst und Künstler als Gleichnis für den Schöpfungsakt des Logos. Er sagt da: Die Truhe im Geist des Künstlers ist keine Truhe, sondern Leben und Denken des Künstlers, sein lebendiger Entwurf. Die Truhe, die nach außen als geschaffenes Seiendes hervorgeht oder hervorgebracht wird, ist und bleibt nichtsdestoweniger – als Wort oder Idee – im Künstler selbst, wie sie es von

Anfang war, ehe sie eine geschaffene Truhe wurde, auch wenn sie etwa draußen zerstört wird.

Es ist der Vernunft eigen, seinen Gegenstand, das geistig Erfaßbare, nicht in seinem An-sich zu nehmen, insofern er ein Ganzes, Vollkommenes und Gutes ist, sondern ihn in seinen Ursprüngen zu nehmen. Denn der Gegenstand ist mehr der Gegenstand seiner Idee nach, als nach seiner Erscheinung.

Das Wort, der (schöpferische) Gedanke oder die Kunst selbst im Geiste des Künstlers, ist das, wodurch der Künstler alles macht und ohne das er als Künstler nichts macht.

Die (Idee der) Truhe im Geist oder im künstlerischen Vermögen selbst ist weder eine Truhe noch ist sie gemacht, sie ist vielmehr die Kunst selbst, sie ist Leben, sie ist der lebendige Entwurf des Künstlers.

Das Wort, die Idee und die Kunst selbst, erleuchten nicht weniger das im Innern Verborgene als das nach außen Offenbarte.

In den geschaffenen Dingen sind es ihre Ideen, die in ihnen leuchten. „Denn die Idee eines Dinges, welche der Name bezeichnet, ist mehr das Ding, als seine Erscheinung.

Weiter ist das Wort, der Logos oder die Idee der Dinge so in ihnen, und (zwar) ganz in den einzelnen, daß sie trotzdem ganz außerhalb jedes einzelnen ist, ganz drinnen, ganz draußen. ... Denn nichts ist so ewig und so unveränderlich wie die Idee der Truhe, die vergänglich ist.

Also ist die Idee das Licht in der Finsternis, d. h. in den geschaffenen Dingen, ohne jedoch von ihr eingeschlossen, mit ihr vermischt oder von ihr erfaßt zu sein.

Der bekannte Meister-Eckhart-Kenner, Alois Dempf, hat diese Gedanken des Meisters erhellend und ausführlich kommentiert.

Danach kann dieser ganze Johanneskommentar als eine zu einer Prinzipienlehre verallgemeinerte Form seiner Transzendentalienlehre des opus propositionum aufgefaßt werden. Denn deutlich genug ist ja das Verhältnis und die Beziehung vom Prinzip zum Prinzipiat, vom Ursprung zum Entsprungenem, vom Schöpfer zur Schöpfung ihr durchgängiges Thema.

Es sind fünfzehn Eigentümlichkeiten dieses Verhältnisses vom Urgrund zum Begründeten aufgezählt. Sie betreffen zum einen ihre Wesensgleichförmigkeit und zum anderen die Unterschiede zwischen ihnen.

Danach folgen zwei Sätze über die Erkenntnisbeziehung zwischen ihnen und endlich fünf Sätze über die Ideen- und Logoslehre.

Zu A): Das Begründete ist in dem Urgrund. Was nämlich aus einem hervorgeht, ist vorher in ihm. Dieses Verhältnis herrscht in jedem geistigen und natürlichen, sittlichen und künstlerischen Schaffensvorgang und bildet stets das gleiche Prinzip; die Traube ist im Weinstock und das Werk im Künstler.

Es gibt aber auch eine Präexistenz des Begründeten im Urgrund, so wie der Same, längst bevor er in der äußeren Wirklichkeit zur Wirksamkeit kommt, eine andere, virtuelle Existenz vorausbesitzt.

Das, was von einem andern hervorgeht, ist auch seine Offenbarung, das Wort, das ihn ausspricht und verkündet. Erst das Begründete offenbart den Urgrund und kann ihn offenbaren, weil ja eine Wesenheitsgleichheit besteht.

Das Hervorgehende ist ferner im Hervorbringenden als Logos, als Idee und Urbild und besitzt dadurch den Vernunftcharakter des Urgrundes selbst, nämlich die Fülle seiner Vollkommenheiten.

Zu B) (den Unterschieden zwischen Urgrund und Begründetem):

Vom Hervorgebrachten zum Hervorbringenden besteht – trotz aller Wesensgleichheit – stets eine Beziehung individualer oder personaler Distinktion. Was aus einem andern hervorgeht, unterscheidet sich notwendig von jenem, schon dadurch, dass jenes diesem vorausgeht und dieses von jenem durch sein So-Sein differenziert ist. Wie es dialektisch formuliert, heißt: *non aliud in natura, sed alius in persona*.

Weiter folgt der Unterschied zwischen dem unendlichen, ewigen Prozeß und dem endlichen und zeitlichen Wirkungsverhältnis. ... Sofern das Begründete Idee ist, ist es nichtsdestoweniger das gleiche in und mit der Natur. Ist doch das Kunstwerk im Geiste des Künstlers nicht Kunstwerk, sondern Leben und Erkennen.

Der Urgrund ist dem Begründeten zugleich immanent als auch transzendent. Das Kunstwerk, das nach draußen ins Sein gebracht ist, ist und bleibt nichtsdestoweniger als Idee im Künstler. *Nihil autem tam simile pariter et dissimile sicut ratio rei et res ipsa* (Ex. 79, 1).

Als einfacher Grundsatz der Erkenntnismetaphysik dieser Lehre gilt:

Es ist das Eigentliche des Geistes, seinen Gegenstand nicht in sich zu erfassen, sondern in seinen Urgründen. Das Eigentümliche des Verstandes dagegen ist es, seinen Gegenstand im Dinge selbst zu sehen, ihn von den Erscheinungen her zu erkennen.

Das ist die alte mystische Unterscheidung zwischen der Morgenschau, die die Dinge von oben her, aus ihrem Obersten und Frühesten erkennt, nämlich den *rationes rerum* selbst, den Gründen der Dinge in Gott, den Ideen, und der Abendschau, die erst die in die Wirklichkeit gesetzten empirischen Dinge erfaßt.

Damit haben wir aber schon den Übergang zu der für die gesamte Anschauung Eckharts so wichtigen Ideenlehre des Meisters gefunden, von wo aus er zu den Geheimnissen des Gotteslebens vordringen kann, nämlich zu unserer aus dem Logos begründeten Wesens- und Wirkgemeinschaft mit Gott:

Das empfangene Wort, der Geistbegriff ist die Kunst selbst im Geiste des Künstlers, durch die der Künstler alles schafft. Freilich ist ein wesentlicher Unterschied im schöpferischen Setzen zwischen dem endlichen Geist des Menschen und dem unendlichen Geiste Gottes.

Die Ideen im Geiste sind Leben. Der Entwurf im Geiste ist nicht das Kunstwerk und nicht gemacht, sondern er ist die Kunst selbst, ist Leben und ein lebendiger Entwurf des Künstlers.

Das Erfassen der Urbilder im göttlichen Geiste ist nicht ein Nachbilden nach fremden Gegenständen, sondern ein Abbilden der Vollkommenheiten seines Wesens selbst (als Anblicke des alltranzendenten Einen). *Die rationes aeternae, die Ideen, sind darum zugleich ratio cognoscendi, „begreifender Begriff", und causa essendi, Ursache des Soseins,* weshalb Plato sie Urgrund sowohl des Seins als auch des Erkennens nennt.

So also im Leben Gottes betrachtet, sind die Urgründe der Kreaturen nicht Kreaturen und nicht geschöpflich, vielmehr sind sie früher und edler als die Dinge selbst, nämlich als ihr Urgrund und ihre Ursache. In der *ratio idealis*, in der Idee schaut Gott nicht auf etwas außer sich, sondern auf die Vollkommenheiten innerhalb seines Wesens. Während Er sich im Logos selber ausspricht, spricht Er darin auch die Soseinsgründe aller Kreaturen aus. Der Logos ist – wie wir oben dargestellt haben – der mundus archetypus, die Fülle aller Ideen, und ist zugleich die essentia creatrix selbst. So sind die *rationes aeternae,* ja die *ratio aeterna.*

Das gilt auch für die Wesensgemeinschaft des Menschen mit Gott, als seinem Ursprung; denn aus diesem Grundsatz, daß die Ideen – also auch die Idee eines jeden Menschen – Leben in Gott sind, folgt die Wesenseinheit und Identität der Geschöpfe mit Gott.

Weiter bestimmt Eckart die Idee auch ausdrücklich als Gestaltungsprinzip des Menschen. Von jedem Menschen gibt es eine eigene Idee, ein αομος ειδος (Atomos Eidos) oder Urbild in Gott. Aber auch im Menschen selber ist die Idee bzw. das in Ihm angelegte Inbild als Abbild seines Urbildes das Gestaltungsprinzip seiner geistigen Entwicklung und seines Lebens „*et vita erat lux hominum*".

Die Idee bildet das Licht im Menschen; sie bildet den ihn durchleuchtenden Urgrund, der ihn logosförmig macht, und ihm zur Erkenntnis der Wahrheit und der Ideen befähigt.

Die Idee ist aber das Formprinzip aller Dinge und alle Dinge haben ihre Urbilder im Logos selbst. In ihnen sind die Vollkommenheiten Gottes gleichermaßen raum-zeitlich aufgefächert, weil kein Ding alle Vollkommenheiten Gottes ausdrücken kann.

Das Sosein der Dinge wird von der gestaltenden Idee durchleuchtet. Die Ideen sind also gleichzeitig immanent und transzendent. „Das Wort ist so in den Dingen, und zwar in jedem ganz und in allen seinen Teilen, daß es dennoch zugleich auch ungemindert und ungetrübt im Ursprung der einzelnen Dinge verbleibt." Die dialektische Differenz im Verhältnis vom Urgrund zum Begründeten offenbart sich damit ausdrücklich im Sosein der Einzeldinge.

Was hier in dieser Prinzipien- und Ideenlehre des Meisters über das Sosein gesagt ist, gibt ihm schon das Mittel zur Hand, die für ihn so bedeutende unio mystica zu erläutern, worin das Verbleiben der Ideen im Leben des göttlichen Geistes das Fundament bildet, um auch uns, die wir alle Ideen in Gott sind, Anteil zu geben am Logos, der die lebendige und gestaltende Kraft in der Welt der Ideen ist.

Hieran knüpft auch Eckarts Ontologie an, wonach das Seiende *virtuell* in der Seinsheit ist, *causaliter nec aliter*. „Das Sein als die Kraft oder das virtuelle Sein, das Sein in seiner Vollmächtigkeit ist viel edler und vorzüglicher als das förmliche Wesen der Dinge." „Die Wirkung existiert ja immer voraus in ihren wesentlichen Ursachen, und zwar um so einfacher, einförmiger und einheitlicher, je höher die Ursache ist."

Das Da-Seiende *bezeugt* damit die Seinsheit des Seins. „Wenn Gott nicht ist, ist nichts. Wenn die Seinsheit nicht ist, ist kein Seiendes oder nichts, so wie, wenn das Weiß-Sein nicht ist, kein Weißes ist."

Damit betont er erneut, daß das natürliche Dasein der Kreaturen eine Offenbarung des Schöpfers ist; durch ihre Exemplifikation als Seiendes bezeugt sie die Seiendheit des Seins.

„Allgemein ist eines jeden Dings Urgrund und Wurzel der Urbegriff des Dinges selbst." ... „Das Hervorgehende ist im Hervorbringenden zugleich als *ratio et similitudo* zugegen."

Das heißt, daß das hervorgebrachte Seiende die Grundeigenschaften des Seins selbst mit diesem teilt: Einheit, Wahrheit, Gutheit etc. Diese sind ja allesamt mit der Seiendheit des Seins vertauschbar, als sie doch die den Dingen vorausgehenden allgemeinen Wesenszüge des Seins schlechthin ausmachen, und nicht bloß Akzidenzien an ihnen.

Mit diesen vier Bestimmungen des Daseins durch Identität, Virtualität, Exemplarität und Rationalität ist dessen Wesensgemeinschaft mit der Seinsheit selbst als *esse commune* aufgezeigt: Es gibt nur ein Sein, an dem alles Da-Seiende Anteil hat, da alle spezifica nicht dem Sein, sondern nur dem So-Sein zufallen.

Wie das Seiende vom Sein durch dessen Teilhabe an ihm, von jenem ununterschieden ist, ist es jedoch wegen seiner spezifischen Bestimmtheit, seiner exemplarischen, zufälligen bzw. individuellen Partikularität zugleich unendlich vom absoluten Sein selbst unterschieden. Nicht umsonst heißt es: „Nichts ist zugleich so ununterschieden und doch so verschieden voneinander wie Schöpfer und Geschöpf."

Was das Da-Seiende so abgrundtief vom Sein trennt und unterscheidet ist sein So-Sein und seine darin begründete Vielheit. Es ist eines und Vieles zugleich. Sein ist, was es ist – „*Sum qui Sum*" – jenseits aller weiteren Bestimmung und doch von der Totalität aller Bestimmtheit erfüllt. Da-Seiendes dagegen ist stets in erster Linie ein Dies oder Das, in zweiter Linie erst Sein.

Ähnlichkeit und Unähnlichkeit des Da-Seienden mit dem Sein stammen von der Allgemeinheit und Ununterschiedenheit des Seins und der Besonderheit und Differenzierung des Seienden. Die *analogia entis* (oder ontologische Differenz) wird im Da-Seins-Begriff selbst offenbar als das einheitliche Da-Sein aller Dinge in seinem Kern Abbild des ewigen Seins Gottes ist, als sinnfälliges Einzelding aber die Stigmata der Unterscheidung, die es vom Urgrund scheiden, an sich trägt. Obwohl das Da-Seiende gar nicht als vom Seinsgrund getrennt betrachtet werden kann, muß es doch zugleich als einzelnes gesehen werden. Der Da-Seins-Begriff des Da-Seienden kann also nur als dialektisches und reziprokes Verhältnis zum Sein-an-sich bestimmt werden.

Dementsprechend ist das bedingte Da-Seiende bestimmt als *ens ab alio*, als Sein von einem anderen. Es empfängt sein Sein von der Seiendheit des Seins, als teilhabendes aber eben in seinem So-Sein von ihm unterschiedenes Da-Seiendes. Das kreatürliche Da-Sein des Seienden, das als ‚*ab alio*' am ‚*ens a se*' teilhat, unterscheidet sich von der *essentia divina* als ihrem Grund durch die (Vielfalt der) Besonderheiten ihres So- und So-Seins gegenüber dem ‚Weder-Dies-noch-Das-Seins' des reinen einen ‚*ens*' und ‚*esse*'.

Das *ens et esse* Gottes ist ein weit erhabeneres, edleres und vollmächtigeres Sein als das existentielle Da-Sein der naturhaften, veränderlichen Dinge und Kreaturen „draußen" in der Welt. Was unterschieden und veränderlich ist, muß zusammengesetzt und vielfältig sein; es muß aus Teilen bestehen; der (göttliche) Seinsgrund dagegen ist einfach, ununterschieden und unveränderlich. Gerade in der Vielfalt und Veränderlichkeit von Kreatur und Welt aber offenbart sich die Potenz und Mächtigkeit seiner schöpferischen *essentia* und ihres Logos. Das Da-Sein ist das eigentlichste So-Sein der da-seienden Dinge und Wesen. Ihre Geschöpflichkeit bildet ihre wesentliche Natur; *„esse est actualitas rerum et etiam formarum"*. Durch seine Geteiltheit ist das Da-Sein ein ,*esse hoc et hoc'*, ein in seiner Verbindung mit einem So-Sein Bestimmtes. Es steht unter dem Sein, ist etwas anderes durch sein So-Sein. Wie die Form der Materie Individualität verleiht, so verleiht das So-Sein dem Da-Sein seine besondere Bestimmtheit.

Das Prinzip von Immanenz und Transzendenz im Verhältnis des Grundes zum Begründeten wiederholt sich im Verhältnis des Seins zum Da-Seienden; obwohl das Sein dem Seienden immanent ist, ist es diesem wesenhaft transzendent. „Gott ist in den Dingen als das innerste, sofern Er Seinsheit ist, und so ist durch Ihn jedes Da-Sein; aber Er ist außerhalb, weil Er über allen Dingen steht; darum zehren alle Dinge an Ihm, weil Er ihnen zuinnerst ist, sie hungern nach Ihm, weil Er außer und hinsichtlich seiner Seinsvollkommenheit über ihnen ist."

Deus est esse – Gott ist Sein *per se*. Er ist der Urgrund von allem und Er ist aller seienden Dinge Vollendung. „Im Urgrund war das Wort, und das Wort war Gott."

„Gott ist über allen Dingen ein Stehen in sich selber, und dieses sein Stehen in sich selber erhält alle Kreatur" (Pfeiffer 96, 23).

„Sein Ich bezeichnet die reine Substanz selbst", „sein Ich ist der Name des Unendlichen, das Gott allein zukommt: ,*Substantia portans omnia verbo virtutis suae* "' (Hebr. 1).

Er ist wesentlich schöpferische Allmacht, denn nur die unendliche und absolute Kraft des Seins kann Sein setzen.

Soviel zur Logos- und Ideenlehre Meister Eckharts.

1.3 Parmenides und die kabbalistische Kosmogonie

Die Logoslehre setzt voraus, daß wir zwischen Gott und Gottheit unterscheiden. Meinen wir mit Gottheit den obersten unmanifesten Seinsgrund, so wollen wir mit „Gott" das aus ihm hervorgegangene erste personale Wesen benennen, das sich selbst auch als „Anfang der Welt" bezeichnet. Das ist zugleich die Weltseele und der Demiurg Platos, realiter als „Zentralsonne" benannt. Während die Gottheit als höchstes, absolutes selbstgenügsames Wesen und Erster Grund (Prima Causa) stets unberührt, jenseits und über allen Dingen in Sich Selber ruht, ist der personale Gott als die personifizierte Gottheit, unser Herr und Meister, und uns unendlich nah und mit unserem Sein und Leben aufs Engste verbunden.

Die absolute Gottheit versteht sich sowohl als das abstrakteste Sein im Sinne der Ontologie und Metaphysik wie auch als Summe aller Vollkommenheiten im Sinne der platonischen Eide und Ideen. Beide Aspekte sind im Göttlichen Logos als dem schöpferischen Wort und der Vernunft des Höchsten Wesens vereint. Der Logos umfaßt in sich sowohl die Summe aller göttlichen Ideen und Attribute als auch die Fülle höchster schöpferischer Kräfte. Er ist das oberste metaphysische Subjekt, als auch das Objekt des in mystischer Liebe Entbrannten, die höchste Abstraktion und nächste personale Wirklichkeit – Gottes erstgeborener Sohn (Sprüche (Proverbs) VIII, 22), der den verborgenen Willen seines Vaters vollzieht, und das Haupt aller heiligen Ordnung in Himmel und auf Erden ausmacht.

Der Logos, der seine oberste Wurzel im alltranszendenten Einen hat, ist jene erste Kraft und jenes Prinzip, das das Eine in eine Vielheit höchster Qualitäten und Energien auseinanderlegt, die in ihrer Gesamtheit die dem absoluten Geiste innewohnende Totalität der Ideen bildet, die wir als Ideenkosmos bezeichnen. Diese dem Einen entstammenden und den absoluten Geist qualifizierenden Eide und Ideen sind nicht nur die obersten Attribute, die wir der Gottheit und dem aus ihr hervorgehenden Demiurgen zuzuschreiben vermögen, sondern die Samen aller Welten, Wesen und Dinge.

Es sind aber auch jene obersten Qualitäten und Kräfte, durch die Gott, der Logos, All und Alles belebt, nährt, lenkt und leitet. Es ist nichts, was nicht Anteil an ihnen hätte und durch sie konstituiert und bewegt wird. Was für den Logos gilt, das gilt gleichermaßen auch von ihnen: „Alles, was gemacht ist, ist durch sie gemacht, und nichts das gemacht ist, ist ohne sie gemacht."

Der Logos ist vermittels der ihm einwohnenden Prinzipien und Kräfte das Bindeglied zwischen der absoluten transzendenten Gottheit und der manifesten Welt. Er verkörpert Gottes Präsenz in der Welt. In seiner verborgenen ursprünglichen Existenz, seiner absoluten Priorität als schöpferische und allesbeherrschende Kraft vor allen anderen Kräften, in seiner Wirksamkeit als rein intuitive Schau und höchstes Licht reiner Vernunft (Chokhmah und Binah), in seiner stufenweisen Entfaltung als Potenz unübersteigbarer Gerechtigkeit und zugleich allgütiger Barmherzigkeit (Geburah und Chesed), als Substanz und Herz aller Dinge (Tipheret), bis hinab zur Manifestation der materiellen, grobstofflichen Welt (Malkhut), bildet der Logos das subtilste, im tiefsten Sinn des Wortes allumfassende und alldurchdringende Prinzip von Sein und Leben.

1. 3. 1 Griechische Logoslehre und kabbalistische Kosmogonie – Der Sefirot-Baum der Kabbalah als Urbild des Kosmos und des Menschen

Es ist die Überlieferung und Lehre der Ur-Kabbalah, die in Übereinstimmung mit der pythagoreisch-platonischen Idealzahlenlehre jene transzendentalen Ideen und Kräfte zu den Grundzahlen von eins bis zehn (den sogenannten Dekas) in Entsprechung setzt. Danach sind die Ideen zugleich als Zahlen aufzufassen. Hier werden die Zahlen aber nicht als arithmetische (also quantitative) Einheiten, sondern als Symbole entelechialer und qualitativer Natur betrachtet.

Hier steht die Eins für „Einheit", die Zwei für „Polarität", die Drei für die dialektische Trias, die Vier für Raum und Zeit und grobstoffliche Materie (die vier Elemente), die Fünf für den kosmischen Menschen und so fort.

Die spätere Kabbalah hat nun diese Zahlenreihe einer Gruppe von 10 göttlichen oder kosmischen Prinzipien und Kräften zugeordnet, die sie als die tragenden und für die Manifestation der Welt, ihre Entwicklung und auch für die Bestimmung der Natur und Entwicklung des Menschen konstitutiv angesehen hat. Diese zehn Attribute und Kräfte werden als die zehn Sefirot (von Sefira, Hebräisch: die Zahl) benannt. Eines der eindringlichsten und aus der inneren Schau der Eingeweihten hervorgegangenes Modell des Kosmos als Entfaltung des Logos, das zugleich Bild und Modell des Aufbaues der Welt, sowie der Beziehung zwischen Sein und Seiendem, Gott und Schöpfung ist, ist unzweifelhaft das kabbalistische Symbol des Sefirot-Baumes.

Er ist ein aus zehn Kreisen und 22 Verbindungen gebildetes Diagramm, das die ursprüngliche Entfaltung des absoluten Geistes und des Logos in jene zehn Kräfte und Aspekte darstellt. Es gleicht dem Bild eines Baumes, der aus dem unergründlichen Seinsgrund Gottes oder absoluten Einen (das Hen oder Tao) herauswächst und dessen Stamm als Symbol der zentralen Schöpfungskraft Gottes sich in eine Vielzahl von verschiedensten Kanälen und Energien verzweigt, die allesamt aus jenem einen Grund sich entfalten. Daran hangen – gleich Früchten – die verschiedensten lebenden Wesen und geschaffenen

Dinge, die durch diese Kanäle ihr Sein und Leben aus dem einen Urquell schöpfen.

Damit erweist sich der kabbalistische Lebensbaum zuallererst als ein Grundschema, nach dem sich der Logos in eine Zehnheit von Kräften auffächert, durch die Gott das Geschick der Welt und Seiner Geschöpfe lenkt.

Im Buche Bahir heißt es:

„Ich bin es, der diesen Baum gepflanzt hat, daß alle Welt sich an ihm ergötze, und ich habe mit ihm das All gewölbt und seinen Namen ‚All' genannt, denn an ihm hängt das All, und von ihm geht das All aus; alles bedarf seiner, und auf ihn schauen und nach ihm verlangen alle, und von dort gehen die Seelen aus. Allein war Ich, als Ich ihn machte, und kein Engel kann sich über ihn erheben und sagen: Ich war vor dir da.

„Und was ist dieser Baum, von dem du gesprochen hast? Er sagte zu ihm: Alle Kräfte Gottes sind übereinander gelagert, und sie gleichen einem Baum: wie der Baum durch das Wasser seine Früchte hervorbringt, so mehrt auch Gott durch das Wasser die Kräfte des Baumes."

Dieser Baum bringt in seiner klaren Struktur sowohl den Aufbau und inneren Zusammenhang der Vielfalt unseres Universums und der in ihm beheimateten Geschöpfe, als auch die fundamentale Einheit allen Seins und Lebens zum Ausdruck. Darüber hinaus symbolisiert er die Weltseele als erste, umfassendste und höchste Offenbarungsform Gottes, samt deren Leib, dem Universum, wie auch den individuellen „irdischen" Menschen in seiner Ganzheit als Körper, Seele und Geist.

Aber nicht nur Mensch und Universum – Mikrokosmos und Makrokosmos –, sondern alles Geschaffene überhaupt existiert in Seinem Bild und Gleichnis. Das ist ja der Kern der Ideenlehre Platos und der Urbildlehre Meister Eckharts, daß alle Dinge, Geschöpfe und Erscheinungen der Welt nichts anderes als gestaltgewordene Manifestationen Seines ewigen Wesens, und alle Namen nur Bezeichnungen

Gottes in der Gestalt dieser oder jener Schöpfung, dieses oder jenes Geschöpfes sind.

Der Lebensbaum ist damit der Archetypus jeder organischen Ganzheit schlechthin; er ist die eine Urgestalt alles Gestalteten überhaupt. Was wir heute in den neueren Wissenschaften wie Gestalttheorie, Systemtheorie, Holistik (von ολος (holos) = Griech.: das Ganze) neu zu fassen versuchen, finden wir hier in uraltem Gewande wieder: „Alles ein Stück... reines Gold" (Ex. 25, 36).

Das sefirotische Entfaltungsschema des Logos kann danach als universelles Strukturprinzip betrachtet werden, das für jedes Geschöpf, jedes Sonnensystem, jedes Atom, jeden Kristall und jedes Sandkorn seine Gültigkeit hat. Jede Erscheinung und alles Geschaffene ist eine Gestaltwerdung Gottes oder des Logos und zeigt ein und dieselbe innere Struktur.

Es sind die Gestalt des Menschen und die des Baumes, die als zwei verschiedene Bildformen des einen Urwesens die beiden wirkmächtigsten Urbilder aller lebendigen, geschaffenen und ungeschaffenen Welten und Wesen bilden. Von den Göttern über die Erzengel (αρχανγελοι – archangeloi), Himmlischen Heerscharen, Mächte und Throne (εξυσιαι – exsusiai), die Dämonen, Genien, Menschen, Naturgeister bis hinab zu den primitivsten Formen des Lebens und der Materie manifestiert sich alles in der Urgestalt des Menschen und des Baumes.

Meister Eckhart faßte dies in folgende Worte: „In Gott sind aller Dinge Urbilder gleich, und doch sind sie ungleicher Dinge Ur-Bilder! Der höchste Engel, die Seele, die Mücke haben alle ein gleiches Urbild in Gott ... und sind (da) Gott selbst."

In Ezechiel heißt es:

„Ich schaute, und siehe, ein Sturmwind kam von Norden,
und eine große Wolke,
rings von Lichtglanz umgeben, und loderndes Feuer;
und aus seinem Innern, aus der Mitte des Feuers,
leuchtete es hervor wie glänzendes Gold.

Mitten aus ihm heraus erschien etwas,
wie vier lebende Wesen.
Inmitten der lebenden Wesen sah es aus wie feurige Kohlenglut,
wie wenn Fackeln zwischen den Wesen
hin und her gehen …

Und über den Häuptern der Wesen war eine Art Feste,
leuchtend wie Kristall,
ausgespannt über ihren Häuptern.

Oberhalb der Feste, die über ihren Häuptern war,
da war etwas, das wie Saphir aussah und einem Thron glich.
Und auf diesem thronartigen Gebilde
War oben eine Erscheinung,
die das Aussehen eines Menschen hatte.
Und ich sah es funkeln wie Feuer,
das ringsum eingeschlossen ist.

Wie die Erscheinung des Bogens,
der in den Wolken steht, am Tage des Regens,
so war die Erscheinung des Lichtglanzes ringsum.
So sah das Schaubild
die Herrlichkeit JHWHs aus." (Ezechiel 1, 4 - 28)

Tatsächlich ist die Gottheit jenseits und vor aller Schöpfung, bar jeder Form und Erscheinung, und hat – versenkt in ihr eigenes zeitloses Sein – weder Namen noch Gestalt. Beginnt Sie Sich zu offenbaren, so erscheint Sie als Licht und Klang; wählt Sie eine Gestalt, so ist es die des Menschen.

In dieser Vision Ezechiels versinnbildlicht der Thronwagen das Universum in seiner Ganzheit als Gefährt und Thronsitz Gottes in Menschengestalt. Er wohnt darin und lenkt von innen her den Lauf der Welt. Es ist aber auch nicht falsch den Thronwagen als Leib und Seele des Menschen anzusehen; und wo Er in unserem Herzen wohnt, wird es uns an nicht mangeln und wird er selbst unser Leben leiten und sich als Liebe zu All und allem durch uns offenbaren.

1. 3. 2 Der Sefirot-Baum als Aufrollung des Logos und Schlüssel zum Aufbau der Welt

„Der Himmel ist durch das Wort des Herrn gemacht
und all Sein Heer durch den Geist Seines Mundes...,
denn so Er spricht, so geschieht's, so Er's gebäut, so steht's da."
(Psalm 33, 6-9)

Zusammenfassend können wir sagen, daß der Sefirot-Baum das Symbol und Sinnbild der Aufrollung des Logos, der schöpferischen Urkraft Gottes sowie der Ausgießung Seines Lichtes und Lebens in die Welt ist. Bildet die Kraft des Wortes oder des Logos jene Urkraft, aus welcher die Schöpfung hervorgeht, so versinnbildlicht der Sefirot-Baum das kosmologische Diagramm oder Schema, nach dem der Logos in der Schöpfung oder besser noch: als Schöpfung, als kosmische Symphonie, als Großes Drama des Lebens zur Entfaltung kommt.

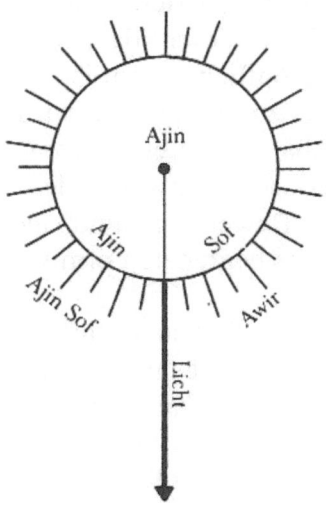

Der Logos (das Wort) ist die gebärende Kraft, Licht die erste Offenbarung, Keter das Symbol der Zentralsonne, seiner ersten Manifestation. Die Weise, wie Er das erste Licht, den ersten Ton in die schweigende Urnacht Seiner unermeßlichen Seligkeit entläßt, wird von der Kabbalah durch den Begriff der Selbsteinschränkung Gottes zum Ausdruck gebracht. In diesem schöpferischen Akt der Selbsteinschränkung und -offenbarung Gottes gründet auch die enge Verknüpfung zwischen Licht, Ton, Zahl und Wort, die in den einheitsbildenden Begriffen der Sefirot ihren gemeinsamen Grund besitzen.

Das eine erste Jubel- und Urwort, mit dem jedes Geschöpf, jeder Engel, jedes Geistwesen und alles Geschaffene Seinen Schoß verläßt, um in den sich ausdehnenden Licht-Kosmos einzutauchen, ist jenes EHJH (sprich: Ehjeh) oder ICH-BIN, das als ekstatischer Ausruf und Wille zum Sein Raum und Zeit durchtönt. Das ist der Ur-Impuls aller Schöpfung, der Urlaut, der die schweigende Nacht durchbricht.

In jenem ersten Gedanken konzentriert Er all den Glanz und die Herrlichkeit Seines Wesens. In Seiner Selbstakklamation des ICH-BIN enthüllt, manifestiert, offenbart und entfesselt Er Natur und Kraft und Leben Seiner zuvor unmanifestierten, unausgesprochenen Seinsfülle und Potenz. Indem Er Sein Wesen, das frei aller Begrenzung, ohne Anfang und ewig unerschöpfliches Sein ist, in einen Gedanken gießt, und im Wort des Anfangs zusammenfaßt, wird Er, der ewig Formlose – in Sich Selber – offenbar. Er tut ein begrenztes Maß jener unendlichen Fülle Seines uferlosen, schweigenden Seins in Gestalt von Licht, Farbe, Form und Bewegung kund, indem Er Sein zeit- und grenzloses Wesen in die begrenzte Form von Raum, Zeit und Vielfalt ausgießt.

Schöpfung ist ein Akt der Selbsteinschränkung oder Selbstbegrenzung des absoluten Geistes. Wie immer wir es fassen, ob als Verschleierung oder Trübung, als Zusammenziehung oder Kondensation, immer ist es eine Projektion des absoluten, zeitlosen, ursachlosen Seins in den relativen Rahmen von Raum, Zeit und Form, von Kausalität und individueller Erscheinung. Alles Geschaffene ist individuelle

Erscheinung des Absoluten unter den Bedingungen von Raum, Zeit und Kausalität.

So hat alles Geschaffene seinen Ursprung im Reich des reinen absoluten Geists, der die transzendentale Fülle der ihm einwohnenden Eide, Ideen und Vollkommenheiten mit der Manifestation dieser begrenzten Welt und ihren Geschöpfen verbindet und damit Ewigkeit und Zeit, Himmel und Erde samt ihren Erscheinungen und lebenden Wesen in einer unauflöslichen Einheit in Seinem Lichte umfaßt

1. 3. 2. 1 Zimzum: Die Selbsteinschränkung Gottes

„Alles Sein gründet auf Opfer (Selbstaufgabe):
Schöpfung, Erlösung
Und auch die Vollendung"

Der Abstieg vom Absoluten, Transzendenten zum Relativen, Immanenten ist ein Akt der Selbsteinschränkung. Anfang und Entfaltung des Seins als Schöpfung bildet die sich im Logos aussprechende Fülle der transzendentalen Eide und Ideen in Raum und Zeit.

Die Kabbalah, die den Ursprung der Schöpfung als Akt der Zusammenziehung Seines absoluten Bewußtseins oder unmanifestierten Lichtes, also der Einschränkung Seines uneingeschränkten Willens in die Form von schöpferischen Intentionen sieht, beschreibt die Geburt der Sefirot als einen Akt fortschreitender Verdichtung oder Trübung. Demnach gingen die Sefirot Schritt um Schritt in einer Reihe, eine aus der anderen, durch sukzessive Einschränkung, Bindung oder Verdichtung der unendlichen Seins- und Gnadenfülle Seines Wesens und Bewußtseins hervor. Dadurch erst treten sämtliche Stufen der Schöpfung und des Lebens in Erscheinung.

Ohne eine Selbsteinschränkung Gottes wäre weder Seine Manifestation im Endlichen noch die Existenz endlicher begrenzter Geschöpfe möglich. Erst dadurch, daß Gott Sein unendliches Sein begrenzt, Sein Bewußtsein oder Licht verschleiert, Seine in allem Endlichen unfaßbar bleibende Vollkommenheit wie ein geschickter Regisseur hinter dem Schleier der Kulissen dieser Welt verbirgt, schafft Er

Raum und Möglichkeit für den Hervorgang und die Entwicklung individuellen Lebens.

Würde Er Sein Licht nicht verschleiern, könnten weder Universum noch Geschöpfe bestehen, sondern würden sie unmittelbar von Seiner allessprengenden Fülle absorbiert und aufgehoben werden. Nur indem Gott Seine Fülle verbirgt, Sich ,klein macht', Sich in den Herzen Seiner Geschöpfe versteckt und ihnen damit Sein Licht und Seinen Willen einpflanzt, verleiht Er ihnen zum einen jene Eigenständigkeit und jenen freien Willen, durch die Er sie zu Ihm ebenbürtigen Partnern macht. Zum anderen ruft Er durch Sein stilles, aber unablässiges Rufen in ihrem eigenen Innern jenes Sehnen, Suchen und Streben nach Vollkommenheit und Erfüllung hervor, das die treibende Kraft alles menschlichen Strebens, Trachtens und Tuns ist und das erst gestillt ist, wenn der Mensch in Seinen Schoß zurückgefunden hat.

Diese Zusammenziehung oder Verschleierung Seines ewigen und unbegrenzten Wesens in die begrenzten Formen von Schöpfung und Geschöpf unter den Bedingungen von Raum und Zeit nennt die Kabbalah ,Zimzum'. Zimzum bezeichnet jenen mystischen Akt Gottes, in dem Er Sein absolutes, rein geistiges, transzendentales Wesen in Form einer reinen Intention zu jenem energetischen Urimpuls (Urpunkt, Urwort oder -gedanken) verdichtet.

Wie es heißt: „Gott, der Schrankenlose, tat die Einschränkung (Zimzum) in sich und setzte Ort (Makom) in sich selber, um die Welten darin zu erschaffen." (Baal Shem Tov)

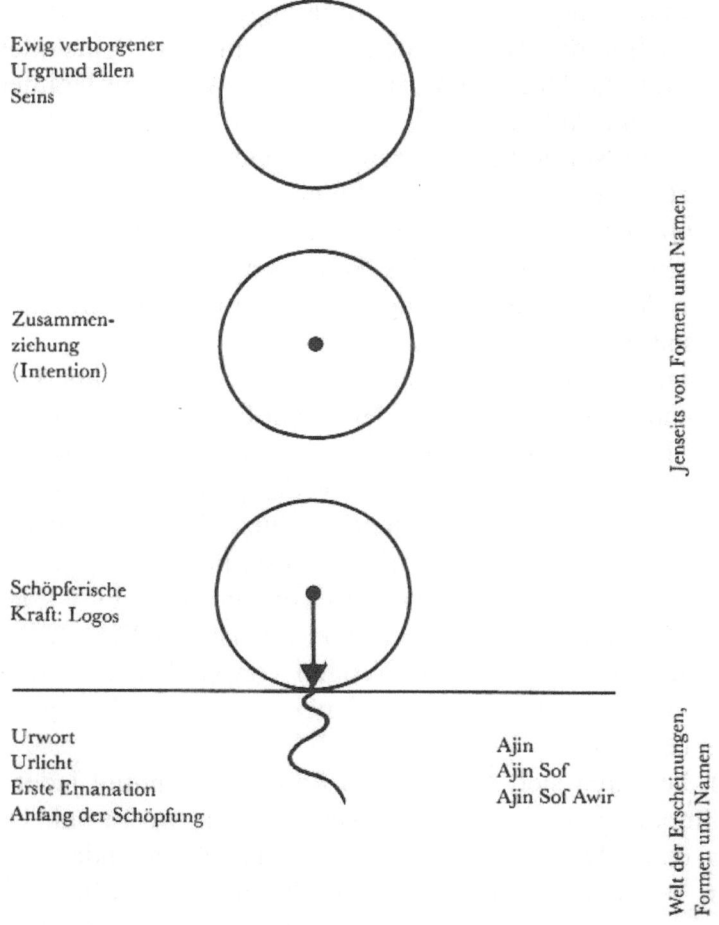

Abbildung 4: Die drei „Zahzahot" (oder verborgenen Lichte)

Symbolisch gesprochen, muß Gott innerhalb seiner unfaßbaren absoluten Fülle zuallererst Raum schaffen, um darin begrenzte Formen überhaupt manifestieren zu können. ‚Zimzum' bildet so den Anfang aller Anfänge, die Verwandlung der reinen Potenz absoluten, unmanifestierten, göttlichen Seins in Bewegung, Klang, Licht und Leben.

1. 3. 2. 2 Die drei Stufen des Logos

Die Entfaltung des ersten, uranfänglichen Schöpfungsimpulses gliedert sich in drei Stufen. Sie heißen Ajin, das Nichts oder die Leere, Ajin Sof, das Unendliche, und Ajin Sof Awir, der Uräther oder das Urlicht. (Siehe Abbildung 4).

Diese drei Stufen beschreiben jenes Geschehen, das die Schrift in den Worten: „Er öffnete Seinen Mund und sprach" andeutet. Zimzum versinnbildlicht jenen Akt, der die Spanne von der Öffnung des Mundes bis zum Aussprechen des Schöpfungswortes – das meint vom Anheben der ersten Schöpfungsintention im absoluten Geiste bis zur Manifestation derselben in Raum und Zeit – verbindet.

Ajin umschreibt den Zustand absoluter Stille: Nichts, Leere. Es ist der Zustand vor und jenseits der Schöpfung. Die Yogis nennen ihn Sunjata, Buddha nannte ihn Nirvana. Es ist der Zustand jenseits aller Gedanken und jeder Polarität. Er verkörpert wie die Null im Raum der Zahlen jenes Schweigen, jene Absenz aller Bewegung, jene Freiheit, die unbewegt alles und nichts umschließt und in der Absenz irgendeines geschaffenen Seienden (Ajin) gründet. Es ist der Zustand völliger Leere als reine Potenz, von höchster Seligkeit, jenseits von Geburt und Tod, jenseits der Wogen von Gedanken und der Bewegungen der Welt. Er verkörpert jenes geladene Schweigen, aus dem alles entspringt.

Hier berühren sich Anfang und Ende. Hier nimmt jeder Gedanke, jeder Impuls, jeder Laut seinen Ausgang. Da, wo Er anhebt zu intendieren, da ist der Anfang aller Dinge und auch ihr Ende.

Ajin bezeichnet den Zustand vollkommener Stille. Ajin ist das Schweigen, die Leere, das Nicht-Sein alles Seienden, bevor es ins Sein tritt. Es ist der uranfängliche Zustand reiner Potenz, in der alle möglichen Schöpfungen unerschaffen ruhen, alle Intentionen, alle Kategorien, Aspekte und Qualitäten des Seins ununterschieden nebeneinander liegen.

Ajin Sof bezeichnet jenen zweiten Grund, den wir als Sammlung oder Konzentration Seines Geistes und höchste Verdichtung seiner Kraft bezeichnen. Das ist jener Augenblick, in welchem der Geist sich der Fülle seiner unoffenbarten Eide und Ideen als Momente seiner selbst bewußt wird und sein Bewußtsein in einem Punkt sammelt und verdichtet, um sodann in einem spontanen Akt schöpferischer Kraftentfaltung jene in sich gefaßten Intentionen, die in ihm selbst zum Durchbruch drängen, in Raum und Zeit hinauszuschleudern,.

Diesen Prozeß der Manifestation unmanifestierter Intentionen hat Plato als Idein – Gestaltwerdung von reinen Ideen – genannt. Es ist jene erste Sammlung durch die Er die Ihm innewohnenden Eide und Ideen, Kräfte und ‚Buchstaben‘ ins Bewußtsein hebt, um sie als Gedanken vibrieren und Gestalt werden zu lassen: „Es werde Licht, und es ward Licht."

Ajin Sof ist also ein Zustand höchster Spannung, ein Zustand höchster Schwingung bzw. gedanklicher Vibration und Intention. In ihm sind alle Kräfte und Momente des absoluten Geistes in einem Punkt konzentriert. Das ist jener Urpunkt, den die vedische Tradition Mahabindu und die Kabbalah als Nekuah Reshunah bezeichnet.

Die dritte Phase des schöpferischen Aktes des Logos bildet Ajin Sof Awir, worin der Geist die in ihm zur höchsten Spannung konzentrierten Intentionen und Kräfte in die Weite des bis dahin noch leeren Raumes entlädt bzw. entläßt. Das ist der spirituelle Big Bang oder Urknall, in dem der erste Impuls aus der Verborgenheit des transzendentalen Seins in die Endlichkeit einer relativen Existenz herabsteigt und sich da als erste Manifestation entfaltet. Diese ist die Weltseele, die in weiterer Folge und einem weiteren Schritt des Abstieges schließlich das materielle Universum hervorbringt.

Diese erste Entladung der in sich verdichteten und zurückgehaltenen Energie des absoluten Geistes manifestiert sich in der Form jenes Urlautes und jenes Urlichtes, aus dem sich der Kosmos der Klänge bzw. der des Lichtes entfaltet. Dieser sich entfaltende lebendige Urimpuls scheidet sich in Strahlung und Substanz (Himmel und Erde) und beginnt als solches all die anderen Kräfte hervorzubringen, die die Schöpfung konstituieren.

Ajin Sof Awir kann als jener Impuls angesehen werden, in dem alle Impulse und Gedanken beginnen sich auszubreiten und in die Unendlichkeit des Raumes zu entfalten. Hier nehmen alle Prinzipien der

Schöpfung ihren Ursprung. Ihr wohnen sämtliche Kategorien von Zeit, Form und Bewegung inne.

Der Sohar bringt dies durch folgende Worte zum Ausdruck:

„Am Anfang – als der Wille des Königs zu wirken begann, grub Er Zeichen in die himmlische Aura (die Ihn umstrahlte). Eine dunkle Flamme entsprang im allerverborgensten Bereich aus dem Geheimnis des ‚Ungrunds‘, Ajin Sof wie ein Nebel, der sich im Gestaltlosen bildet, eingelassen in den Ring (jener Aura), nicht weiß und nicht schwarz, nicht rot und nicht grün und von keinerlei Farbe überhaupt. Erst als jene Flamme Maß und Ausdehnung annahm, brachte sie leuchtende Farben hervor. Ganz im Innersten der Flamme nämlich entsprang ein Quell, aus dem Farben auf alles Untere sich ergossen, verborgen in den geheimnisvollen Verborgenheiten des En Sof. Der Quell durchbrach und durchbrach doch nicht den ihn umgebenden Äther (der Aura) und war ganz unerkennbar, bis infolge der Wucht seines Durchbruchs ein verborgener höchster Punkt aufleuchtete. Über diesen Punkt hinaus ist nichts erkennbar, und darum heißt er Reshit, Anfang, das erste Schöpfungswort (von jenen zehn, durch die) das All (geschaffen ist).“ (Sohar, Megilla 21 b)

1. 3. 2. 3 Die sieben Äonen, die Geburt der Sefirot und der Schöpfungsstrahl

Im Sefer Jezirah wird dieser Gedanke fortgeführt. Da heißt es: „Geboren aus der Leere (Ajin) erschienen die zehn Sefirot (Zahlen) wie ein leuchtender Blitz, und ihre Bestimmung ist jenseits aller Begrenzung.“ (Sefer Jezirah 1, 6)

Der erste Schritt der Entfaltung des Baumes der Welt und des Lebens besteht in der Ausdehnung der ersten Bewegung des Logos, der Manifestation des ungeschaffenen Urlichtes als leuchtendes geschaffenes Licht, als leuchtender Lichtkreis, der die Urform dieser Schöpfung ist. Keter Elion, die Höchste Krone, verkörpert die prima materia, die lichthafte bzw. feurige geistige Ursubstanz der Welt.

Dieser Ursubstanz oder primären Ausstrahlung Gottes wohnen seinerseits zwei Aspekte – nämlich die des öfteren erwähnten Aspekte von Sehkraft und Leuchtkraft inne, die sich in einem zweiten Schöpfungsschritt in eine männliche und eine weibliche Kraft, in eine das höchste Sein widerspiegelnde Weisheit – Chokhmah – und eine mütterliche formgebende Gestaltungskraft – Binah – differenzieren.

Ist oberhalb von Keter alles eins, form- und unterschiedslos beisammen, so beginnt mit Chokhmah und Binah die Welt der Unterscheidung und Vielfalt.

In dieser Weise entfaltet sich der Logos nach einem Prinzip der sukzessiven Polarisierung und Synthese in sieben Schöpfungsepochen (sieben ist ja immer die Zahl der Entwicklung) und sieben Seinssphären, die unser ganzes Universum aufbauen. Diese sind in der folgenden Abbildung durch konzentrische Kreise dargestellt.

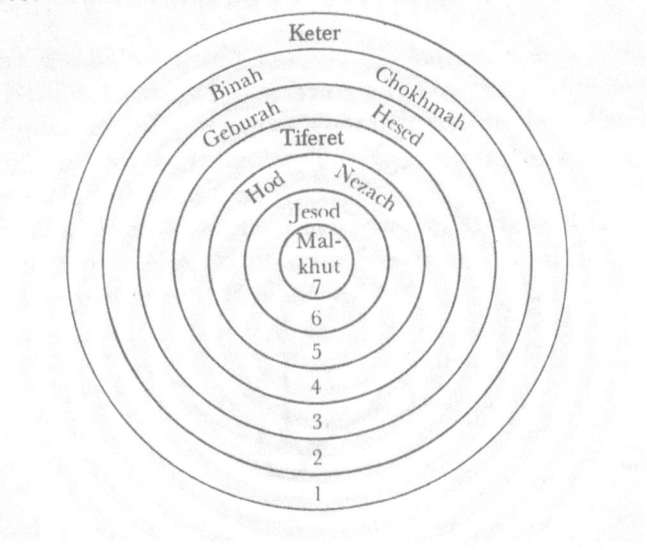

Im Bilde des Sefirot-Baumes entsteht die Schöpfung nach dem Prinzip schrittweiser Differenzierung und Verdichtung der einen Urkraft in die ganze Reihe der Sefirot als eine Folge von Kräften, die sich in linearer Folge polarisch (dialektisch) eine aus der anderen entfalten, so daß in ihrer Wirkung eine die andere umfaßt.

Der Pfeil der Darstellung, der aus der Peripherie des Kreises in dessen Zentrum eindringt, entspricht dem Strahl des absteigenden Lichtes (Schöpfungsstrahl), nach dem die verschiedenen Sphären der Schöpfung auseinander hervorgehen. Im Symbol des Sefirot-Baumes entspricht er einem Blitz oder einer Spirale, die die Sefirot in jener Reihenfolge miteinander verbinden, in der sie aus dem ersten Urlicht hervorgehen.

Die Hierarchie der Sefirot ist dabei Ausdruck der Rangordnung aller Entelechien und Seinsbereiche. Vom höchsten Ursprung des Geistes bis hinab zur untersten Sprosse allen Seins ist eine jede Kern der nächsten, jede folgende Kleid oder Gewand der vorherigen.

„Vom Urgeheimnis des höchsten Punktes (Reshit Kadmon) bis zum Ende aller Stufen ist eine jede Gewand und Hülle für die andere (ihr überlegene, höher geordnete) und Kern für die nächste untere.

„Der Urpunkt ist ein innerliches geistiges Licht, dessen Reinheit und Feinheit (und Brillanz) mit keinem endlichen Maß erkennbar ist; ... es entfaltet sich immer eine aus der anderen und bekleidet sich eine mit der anderen, bis schließlich jede Kleid einer anderen, die eine Kern, die andere Hülle oder Schale ist." (Sohar)

Parmenides, der griechische Weise aus Elea hat diesen Prozeß in einem berühmten Lehrgedicht in ähnlichen Bildern und Worten beschrieben:

„αυταρ επειδη παντα φαος και νυξ ονομασται ... παν πλεον εστιν ομου φαεος και νυκτος αφαντου ... – „Obwohl alles als Licht (φαος) und Nacht benannt und das ihrem jeweiligen Vermögen Entsprechende diesem und jenem Einzelnen beigelegt wurde, ist alles voll von Licht *und* unsichtbarer Nacht zusammen – die beide eins sind –, da es nichts gibt, das nicht einem der beiden zugehört." (DK 28 B 9)

Der geschaffene Kosmos als Emanation des reinen Seins entfaltet sich danach absteigend in Stufen und Sphären. Wie es heißt:

„... die engeren Ringe füllen sich mit ungemischtem Feuer, die auf sie folgenden mit Nacht, hinein schießt aber auch ein Teil Feuer. Inmitten von diesen aber die Göttin [Dike, Shakti oder Sophia], die alles lenkt: überall hin gebietet sie über ... Geburt und Mischung, indem sie zum Männlichen das Weibliche führt, daß Mischung stattfinde, und andererseits das Männliche zum Weiblichen." (DK 28 B 12)

„Als erstes von den Göttern schuf sie den Eros [als erste zeugende, schöpferische Kraft – gemeint ist der Logos – vergleichbar einem Punkt als Ursprung aller Kräfte und Sphären.]." (DK 28 B 13)

Wie die Seher der Kabbalah schaute auch Parmenides die geistige Welt als Hierarchie von geistigen Kräften und Sphären, die er στεφανην oder „coronae" (Lichtauren) nannte; er beschrieb sie als konzentrische Kreise nach außen abnehmender Lichtflut, als göttliche

Lichtglut, die von feurigen Ringen, von brennendem Licht umfaßt ist. Der innerste Kern jedoch liegt jenseits aller benennbaren und sichtbaren Stufen; er ist absolutes Jenseits, undurchdringlich, ortslos, an der Grenze bereits erfüllte, gänzlich gegenwärtige Unendlichkeit, deren Licht darum einer glühenden Schale gleicht:

Der oberste Punkt ist weder Licht noch Nacht, sondern jenseits von beiden. Er ist Ausgang und Quell aller unteren Kräfte und Sphären.

Alles Gewordene ist Überfluß des reinen Seins über seine Grenze; als reines ungeschaffenes Licht tritt es aus der Verborgenheit, um in einem Prozeß zunehmender Kondensation schließlich alle Formen und Stufen dieses Kosmos von Namen und Formen zu bilden und auszufüllen. Sämtliche Myriaden verschiedener Dinge und lebendiger Wesen sind nichts als Kundgebungen der sefirotischen Einheit der Welt. Die Sefirot sind so untrennbar miteinander verknüpft, daß sie stets alle (in ihrer Ganzheit) in allem enthalten sind, wenn auch einmal die eine, das andere Mal die andere besonders hervortritt.

In ihrem hierarchischen Aufbau manifestieren sich die Sefirot sukzessive in der Welt. Ihrer Bedeutung als Ausgießungen Gottes gemäß verkörpern sie die Flußmündungen zur Bewässerung der Seele und der Welt; sie sind gleichsam die Wurzeln der Welt. Nach dem Worte Jesu: ‚Ich bin der Quell lebenden Wassers‘, das sich auf die Ausgießung des Geistes über alle Organe der Seele und des Lebens bezieht, entspricht jede Sefira einem Kraftquell, der die Welt trägt und das Leben in ihr speist:

Der Sohar sagt:

„So ist da zuerst der Ursprung aus dem Meer (Ajin Sof), der in seiner Ausbreitung in ein Gefäß aufgenommen wird, das die Rundung des Jud hat – dieser Ursprung ist eins, und der Quell, der daraus hervorkommt, zwei. Dann erst wird ein großes Gefäß geschaffen, wie wenn einer eine weite Grube gräbt, die mit dem Wasser des Quells sich füllt. Dieses Gefäß wird ‚Meer‘ genannt: es ist das dritte. Dieses große Gefäß spaltet sich in sieben, gestreckten Gefäßen vergleichbar. Und breitet sich das Wasser aus dem Meere in sieben Bäche: das sind zehn.“

1. 3. 2. 4 Lebensbaum und Schöpfungsdrama

Auftauchend aus der unergründlichen Tiefe des absoluten Geistes und hervorgerufen durch die Kraft des Logos macht Gott Sein Wesen in der sich aufrollenden Gestalt eines Baumes offenbar. Indem Er Sein Leben, Sein und Bewußtsein hineingießt in diese Myriaden von Formen, so ist in Wahrheit Er selbst es, der eingekleidet in diese Vielfalt von Namen und Formen – das große Drama des Lebens auf der Bühne der Welt entspinnt. All die Geschöpfe sind nichts als Verkleidungen Seiner Selbst, und so ist dieses Leben mit all seinen Erscheinungen, Ereignissen und Stationen nichts als eine Projektion Seines Bewußtseins in Raum und Zeit.

Es ist die Kraft des Logos, die sie bewirkt und die sich als Licht, Zahl, Ton oder Wort manifestiert. Je nach dem Aspekt, für den wir empfänglich sind, erscheinen uns Welt und Leben hiermit als gewaltiges Drama, als gigantischer Film oder als große kosmische Symphonie. In jedem Fall erkennen wir die ganze Schöpfung als eine wunderbare Inszenierung, in welcher Er Sich in Myriaden von Formen kleidend – zugleich als Regisseur, Akteur und Betrachter jenes Schöpfungsdramas darstellt.

Welt und Leben rollen ab wie ein kosmischer Film oder eine große Symphonie, in welcher jeder Augenblick, jede Situation, jedes Ereignis die Seele wie ein Akkord berühren möchte, so daß in ihrem Nachklang das unergründliche Geheimnis des Lebens und der Ewigkeit in ihr aufsteige und sie sich ihres zeitlosen Ursprungs und ihrer Einheit mit dem Urheber dieses Schauspiels bewußt werden möge, indem die in ihm immanenten Ideen des Wahren, Schönen und Guten unsere Seele zu deren transzendentalen Gründen erheben möge.

Es ist das Ewige selbst, das durch die Gegenwärtigkeit des Augenblicks hindurchtönt und –leuchtet. Durch jeden Augenblick dringt Sein Ruf an unser Herz: Erwache, oh Mensch, und erkenne, wer du bist!

1. 3. 2. 5 Involution und Evolution

„Deine Lust wird mehr im Himmel sein als auf Erden, denn die heilige Seele wandelt im Himmel, und ob sie gleich auf Erden in dem Leibe wandelt, so ist sie doch allezeit in Christo und ißet mit ihm zu Gaste." (Böhme, Aurora 6. 25)

So zeichnet der ganze Akt von Schöpfung, Leben und Vollendung, der ganze große Bogen des Lebens durch die verschiedenen Sphären der Welt eine Bahn, die – wie der Atem – zwei Bewegungen umfaßt: das Hinausschleudern des Lebens in Raum und Zeit durch den Logos und – nach Erreichen des fernsten Punktes seine Rückkehr in den Ursprung. Es werden diese beiden Bewegungen Involution und Evolution des Bewußtseins genannt. Sie bezeichnen die Einzeugung ungeoffenbarten göttlichen Lebens in die begrenzte Form von Name, Gestalt, Individualität und raum-zeitlicher Erscheinung und die Entfaltung, Offenbarung und Verwirklichung dieses eingeborenen Lebens innerhalb von Raum, Zeit und Individualität und damit seine Rückkehr in den ursprünglichen Urgrund des ungeschaffenen Seins.

Dies ist der Weg alles Geschaffenen und der ganzen Schöpfung, auf daß die Ernte des Lebens, der Nachklang der großen kosmischen Symphonie, auf ewig im Gedächtnis oder Bewußtsein des Schöpfers verbleibe.

Der Sinn der Schöpfung für den einzelnen liegt somit darin, daß wir uns in ihr unseres wahren Ursprungs bewußt werden und das in uns hineingelegte göttliche Leben in seiner ganzen Fülle hier in der Welt bekunden und zum Ausdruck bringen. Haben wir das in uns angelegte Potential gemäß unserem Seelenplan geoffenbart, so gehen wir ein in den schweigenden Urgrund der Seligkeit, wo kein Schatten, kein Gedanke noch Geräusch unseren Frieden stört. Solange wir diesen Auftrag nicht erfüllt und die Vollkommenheit des Geistes nicht erlangt haben, sind wir gebunden an das Rad von Geburt und Tod und bewegen uns mit ihm jeweils aufwärts oder abwärts zwischen den Sphären der Welt.

1. 3. 2. 6 Die zehn Attribute Gottes – Sefirot und Othiot: Wesen, Ordnung und Namen

„Herr der Welten, Du bist einer, aber nicht wie eine gezählte Einheit, Du bist erhaben über alles Erhabene, der Verborgenste aller Verborgenen; kein Begriff faßt Dich. Du brachtest zehn Formen hervor, die wir Zehn Sefirot nennen, um mit ihnen verborgene, unsichtbare Welten und sichtbare Welten zu lenken. Du selbst verhüllst Dich in diese vor den Menschen, Du hältst sie zusammen und Du bist ihre Einheit.

„Du bist es, der sie leitet, aber nichts leitet Dich, nichts oben und nichts unten und nichts von welcher Seite immer. Diesen Sefirot hast Du Hüllen bereitet, von denen her die Seelen in die Körper der Menschen eingehen. Auch hast du die Sefirot mit Körpern umschlossen die aber nur Körper genannt werden im Vergleich zu den sie umgebenden Hüllen und sie entsprechen dem Organismus des Menschen.

„Herr der Welten, Du bist der Grund aller Gründe und die Ursache aller Ursachen, Du wässerst den Baum aus jener Quelle, die wie die Seele im Körper überall Leben verbreitet. Du selbst aber hast weder Bild noch Gestalt in allem, was innen und außen ist. Du hast Himmel und Erde geschaffen, Oberes und Unteres, damit die Welten Dich erkennen, aber keiner kann Dich in Wahrheit begreifen. Wir wissen nur, daß es keine wahre Einheit gibt außer Dir, weder oben noch unten, wir wissen, daß Du Herr bist über alles.

„Jede Sefira hat einen bestimmten Namen, nach dem auch Engel sich nennen. Du aber hast keinen bestimmten Namen, denn Du bist es, der alle Namen ausfüllt, und Du bist die Vollendung von allem. Zögest Du Dich zurück, blieben sie alle wie Körper ohne Seele." (Sohar)

Ferner heißt es dort: „Der Heilige, gesegnet sei Er, hat einen Sohn (eine geistige, allweltliche Kundgebung und Personifizierung), dessen Herrlichkeit das All von einem Ende zum andern erleuchtet; er ist ein großer, mächtiger Baum, dessen Wipfel den (höchsten aller) Himmel berührt (nämlich die Shekhinah) und dessen Wurzeln in der Heiligen

Erde festsitzen (nämlich im heiligen Urstoff, *Awir*)." (Sohar, Mishpatim, 105a)

In der unerschaffenen Wirklichkeit Gottes – Ajin oder Ajin Sof – liegen noch alle Attribute, Angesichte und sefirotischen Kräfte, die in den Sphären der Schöpfung die Ursachen aller Differenzierung und Vielfalt ihrer Erscheinungen sind, ungeschieden beisammen. Hier im unoffenbarten ewigen Seinsgrund existieren sie allein als Möglichkeiten, die erst durch den schöpferischen Akt der Scheidung zu den existentiellen Seinsbedingungen dieser Welt werden:

Zehn Sefirot aus Nichts (Ajin).
Zehn und nicht neun.
Zehn und nicht elf.
Verstehe dies mit Weisheit (Chokmah) und erfasse (meditiere) sie mit Einsicht (Binah).
Erforsche und erwäge ihren Sinn. Tauche ein in sie,
zeichne (visualisiere) sie,
erforsche durch sie dich und die Welt
und rücke (setze) den Schöpfer (Bildner)
auf Seinen Thron (Seinen Ort). (Sefer Jezirah)

Literatur:

Philo von Alexadria: Quod omnis probus liber sit
    De aeternitate mundi
    De providentia
Origenes: Vier Bücher von den Prinzipien (Hgg & übersetzt
    von Herwig Görgemanns & Heinrich Karpp)
Clemens von Alexandria: Stromata
Irenäus von Smyrna: Epideixis
Gregor von Nyssa: Contra Eunomium libri
Gregor von Nyssa: De vita Moysis
Elias Benedikt: Die Kabbala als jüdisch-christlicher Einweihungs-
    weg, Bände 1 & 2

1. 3. 2. 7 Summa

Die Schöpfung kann wie ein umgekehrter Baum betrachtet werden, der im transzendentalen Grund von Ajin Sof, Anuttara oder der Höchsten Wirklichkeit, d. h. in Parama Brahman, Cit oder Parasamvit, wurzelt.

Er wächst aus dem Grund Brahmans, entfaltet seinen Stamm in Form von Mahashakti und breitet seine Zweige der konstitutiven Schöpfungsprinzipien (Shaktis, Tattvas, Logoi, Archai) über die vier Welten von Para, Pashyanti, Madhyama and Vaikhari vom Himmel herab aus zur Erde. Miteinander weben sie den Schleier von Maya und bringen die Vielzahl der lebenden und leblosen Wesen hervor.

"Wie der große Banyanbaum als reine Möglichkeit in seinem Samen enthalten ist, so ruht das ganze Universum samt allen beweglichen und unbeweglichen Wesen als reine Potenz im Herzen des Allerhöchsten." (Paratrimsika 24)

Das Universum ist also nichts als eine Entfaltung (Unmesa) oder Ausdehnung (Prasara) des Höchsten Bewußtseins (Cit) und Seiner Energie (Cit-Shakti oder Citi). Wie Maheshvarananda sagt: „Er, Shiva, Selbst, in der überschwenglichen Blüte seiner Glückseligkeit (des Selbst-Gewahrseins) (Cidananda), der, von den drei Aspekten Seines Herzens, Iccha (Intention), Jnana (wache Erkenntnis) und Kriya (Handeln) hervorgelockt, sein Antlitz zur Betrachtung Seines eigenen verborgenen Glanzes erhebt, wird Shakti genannt." (Maharthamanjari, Trivandrum Edition p. 40)

„Wenn Er zu der Absicht (Unmukhata) gelangt, Seine im Dunkeln ruhende, in Seinem Herzen (in der Form eines Keims) verborgene Pracht des Universums zu entrollen, dann wird Er als Shakti bezeichnet." „Die durch (Shivas) ausfließende Glückseligkeit emporgetragene oder aufsteigende Shakti geht in Manifestation über." (Ksemaraja in Utpaladeva's Stotravali) Alle Manifestation ist ein Prozeß der Selbsterfahrung des schöpferischen Gedankenvermögens Shivas oder des Selbst.

Mit der Aufspaltung der einen Wirklichkeit (Cit, Aham-Vimarsha) in die Polarität von Shiva und Shakti, bzw. Purusha und Prakriti, Subjekt und Objekt, dem Erfahrenden und dem Erfahrenen, beginnt der eigentliche Weltprozeß und seine Evolution. Diese hier zur Entfaltung kommende Ebene wird Bhedabhedavimarshanatmaka oder Unterschiedenheit-in-der-Einheit genannt. Damit bestimmt sich die Schöpfung als Selbstoffenbarung Gottes, die sich innerhalb Seines allumfassenden Bewußtseins erhebt, ausweitet und wieder auflöst. Gott selbst behält Gott in der Form der Emanation Seiner göttlichen Qualitäten und Attribute, die Seine verborgene Pracht auf der Bühne von Zeit und Raum offenbaren.

Das Leben des Menschen als Sein Abbild erblüht und entfaltet sich in Seiner Entsprechung. So erfährt der Mensch seine eigene Seele, die sich in ihrer Essenz nicht vom reinen Bewußtsein unterscheidet, als Bühne, auf der Gott Sein Drama des Verbergens und Enthüllens, von Illusion und Erkenntnis veranstaltet. Er Selbst ist es, der die Fülle Seiner Göttlichkeit in uns erfährt, offenbart und verwirklicht. „Das ganze Leben ist ein Spiel des Bewußtseins."

Im Bild des Baumes bleibend erkennen wir, daß nicht nur seine Wurzeln in Brahman verankert, sondern der ganze Baum sich innerhalb Seiner Unendlichkeit entfaltet. Das Licht des reinen Bewußtseins Brahmans durchdringt und umfaßt ihn ganz und gar, und jede individuelle Kreatur ist darin gebettet wie ein Fisch im Wasser oder ein Vogel in der Luft. Wurzel, Stamm und Krone des Baumes sind aus den konstitutiven Prinzipien, den Tattvas, Logoi oder Archai, gebildet, und von Cit-Shakti durchflossen. In der Tat ist es vielleicht treffender, das Universum als Phantom-Bild in einem Spiegel zu betrachten. Es ist eine Projektion von Citi auf den Bildschirm des Bewußtseins Brahmans (=Cit).

Aus rein energetischer Perspektive manifestiert sich der Schöpfungsakt in der Form von Klang oder Schwingung, manchmal Nada Brahman oder Spanda genannt, und bildet einen polaren Prozeß komplementärer Natur. Seine zwei Aspekte von Vacaka und Vacya (Wort und Objekt) haben eine Parallele im dualen Charakter der physischen Materie, wie sie in der komplementären Form von Welle und Korpuskel erscheint. Als komplementäre Aspekte bilden sie dennoch eine Einheit.

Jedes erschaffene Ding besteht aus einer Komposition von Buchstaben oder Schwingungsprinzipien (der Matrika) in der Form eines Gedankens, Wortes oder Namens. Wer die schöpferische Shakti in der Wurzel seiner Seele erweckt, indem er ihre Klangschwingung, die im Bija-Mantra vibriert, nutzt, kann ihren Projektionseffekt umkehren und dadurch von der Ebene von Maya zur Sphäre ihres Ursprungs im reinen Gottesbewußtsein aufsteigen. Darin liegt die Macht des schöpferischen Gedankens wie des Mantra, daß es durch seine Invokation die in ihm verborgene Essenz von Matrika enthüllt. Die Mantren, die die offenbarende und alles transformierende Gnade Gottes invozieren und die Macht Seiner Citi (Logos und Heiliger Geist) herabrufen, werden Cetana- oder Chaitanya-Mantren genannt. Sie alle haben in Bijas wie „So-ham" (Das bin ich), „Ham-sah" (Ich bin Das) und „Om" ihren Ursprung; sie alle enthalten den Bindu, der den allerersten Punkt (Nekudah Rishunah) als die eigentliche Wurzel und kontrahierte Essenz der gesamten Schöpfung in Form von Parama Shakti oder dem Logos darstellt.

Wir können sagen, daß die Bija- oder Chaitanya-Mantren Heilige Worte oder Namen des Göttlichen sind, die den höchsten Stand reinen Bewußtseins (Cit) in Form der ursprünglichen Einheit von Shiva und Shakti in uns erwecken. Erfüllt von Citi haben sie die Kraft, den individuellen Geist (Citta), der selbst von der Natur Citis ist, bei ihrer Kontemplation in reines Selbst-Gewahrsein zu erheben. Sie lassen den individuellen Geist zur Höchsten Wirklichkeit von Cit als dem Quell und Ursprung, fons et origo, von allem – Schöpfung (Jagat), Mantra und Geist (Citta) – aufsteigen, wobei er in ihr aufgeht und der Ruhelosigkeit des Schöpfungsprozesses von (universellem und individuellem) Vikalpa ein Ende bereitet. In der glückseligen Einheit von Shiva und Shakti, die von der Natur reinen Aham-Vimarshas oder „Aham-Brahmasmis" ist, findet die ganze Schöpfung – Projektion, Strebung, Erhaltung und Auflösung, ihre endgültige Bestimmung, ihre Erfüllung und ihren Frieden.

Wie ein Chaitanya Mantra besitzt jede Lehre, Offenbarung, Philosophie und Religion, die aus der Wahrheit selbst ist, diese Kraft von Affirmation, Transformation und Verwirklichung. Wer darüber reflektiert, ihre Erkenntnisse bedenkt und im eigenen Leben umsetzt, wird zweifellos Befreiung (Moksha) finden.

So jemand die volle Erkenntnis von Matrika-Shakti erlangt hat, vermag er, von der Befreiung (Moksha) zur Ebene von Suddha Vidya aufsteigend, gleich JHWH und Seinem Christus, selbst die göttliche Herrschaft des Logos in Form des kollektiven Ganzen der konstitutiven Prinzipien (Tattvas) und ihrer Shaktis zu erlangen.

Wenn die Bibel vom Menschen als dem geschaffenen Ebenbild Gottes spricht, so bezieht sie sich auf seinen göttlichen Ursprung und seine göttliche Natur als Einheit von Shiva und Shakti mit dem Ziel, seine innewohnende Göttlichkeit zu erkennen und zum Gleichnis Gottes aufzusteigen. Wir lesen:

„Und Gott sprach: Laßet uns einen Menschen schaffen nach unserem Bild und uns gleich (nach unserem Gleichnis). Er soll Macht haben über alle lebenden Wesen …

„Und Gott schuf den Menschen nach Seinem Bild, nach dem Bilde Gottes schuf Er ihn, männlich-weiblich schuf Er ihn." (Bereshit / Genesis 1. 26 - 27)

„Männlich-weiblich" bezieht sich auf seine wiederhergestellte androgyne Natur im Bild und Gleichnis der Einheit von Shiva und Shakti, welche vom ersten Anfang an in ihm manifest ist, jedoch durch die fälschliche Identifikation mit seiner geschaffenen Form lange verdeckt war. Die angestrebte „Gleichheit" bezieht sich auf einen Zustand göttlicher Vollkommenheit und Vollendung, der aus dem uns in der Seele innewohnenden Samen aufgehen und sich verwirklichen möchte. Die gesammelte Ausrichtung auf unseren Ursprung in Gott, die Invokation Seiner Shakti in unserer Seele und die geduldige Ausdauer in der Selbst-Erkenntnis bilden den direkten Weg dahin. Im tieferen Sinne ist es die Gnade Gottes, die Offenbarung und Wirkung von Anugraha- oder Cit-Shakti, die diese Verwirklichung zu ihrer Zeit mit sich bringt.

Der Aufstieg von Moksha zu Suddha Vidya bringt die höchstmögliche Erkenntnis und Herrschaft im Gleichnis Gottes mit sich. Wer diese Ebene erreicht hat, ist nicht länger eine Schöpfung nach dem

Bilde Gottes, sondern zu einem göttlichen Wesen und Mitschöpfer Gottes nach „Seinem Gleichnis" geworden. (vgl. Bereshit, 1. 26 – 27)

Das Absolute
Das Eine

Das Reine Universelle Bewußtsein
Der Logos
Das Ich

Das induviduelle Bewußtsein (Seele)
Die Individualität (Ek-Aham, Anu, Jiva)
Das Mental (Mind, Citta, Anthakarana)

Maya
Die Persönlichkeit (Manas)
Das Ego (Ahamkara)

Raum und Zeit
Materie
Atom

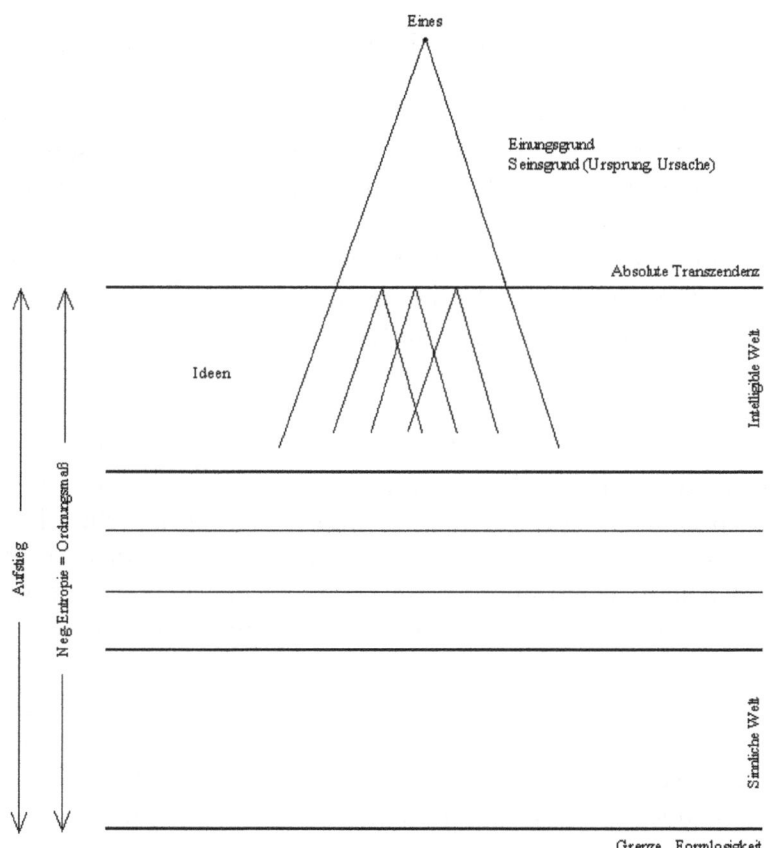

2 Die Dialektik als Prinzip des Logos

2. 1 Formalisierung der Dialektik von Einem und Denken

Von Plato her begreifen wir Dialektik als Wissenschaft der reinen Ideen, welche diese nach deren Ursprung, Wesen, wechselseitigen Beziehungen, Grund und Aufbau methodisch diskursiv untersucht und unter die Lupe nimmt.

Sie ist ein methodischer Weg, einen gewählten Erkenntnisgegenstand von seinen zufälligen Akzidenzien zu befreien, um sein wirkliches Wesen vermittels der Vernunft (λογος, νοησις) im Licht der Wahrheit anzusehen. Sie bildet einen Ansatz, das Wesen der Dinge und Ideen analytisch zu erfassen.

Wir können sie wie folgt definieren: Dialektik ist die vernunft- bzw. logosmäßige Durchdringung eines Gegenstandes oder Begriffs hinsichtlich seiner ursprünglichen, oftmals überbegrifflichen Bedeutung, seines Wesens und seiner Beschaffenheit, sowie des Aufstiegs zu seinem ersten Grund und der Bestimmung der aus jenem (Grund) ableitbaren, jenen Gegenstand oder Begriff konstituierenden Prinzipien.

Dialektik ist also nicht bloß immanente Methode anderweitiger Wissenschaft, sei es der Ethik oder Mathematik oder gar empirischer Betrachtung, sondern eine eigene Wissenschaft, die – wie Plato ausdrückt – alle anderen an Reinheit und Wahrheit überragt.

Sie beinhaltet Auf- und Abstieg bestimmenden Denkens bzw. Bewußtseins in den vertikalen Ketten und Hierarchien der Begriffe (d. h. zwischen Ober- und Unterbegriffen), Auf- und Abstieg nach den Prinzipien der Abstraktion und Spezifikation, der Identifikation, Negation und Differentiation.

Sie ist im Denken bewußt vollzogene Anwendung des Koinzidenzprinzips, aber auch sein Vollzug in Sein und Werden. Sie ist Methode und Wissenschaft im Erfassen und Betrachten der Ideen und ihrer Beziehungen untereinander.

Auf der obersten Ebene, jener der ersten, einen und voraussetzungslosen Voraussetzung aller weiteren Bestimmungen, gilt es das reine Wesen der Idee des Guten aus allen möglichen Bestimmungen herauszuschälen und es aus seinen Attributen zu abstrahieren (herauszuziehen) und dem Auge der reinen Vernunft zur Anschauung zu bringen.

Von Sokrates begründet, ist sie eine negative Methode der sukzessiven Elimination und Argumentation, die zugleich mit der effektiven Prüfung jeder vorgebrachten These auf ihren Wahrheitsgehalt eine Reinigung der Seele bewirkt und sie befähigt, zu begründeter Erkenntnis zu gelangen.

Damit erweist sich die Dialektik als Methode der unterscheidenden und aufsteigenden Erkenntnis als Umkehr zum Sein und als Selbst-Initiation in die höchste Wirklichkeit des Einen-Guten.

Die Voraussetzung für ihre Darstellung ist, daß man im Besitz des Wissens um die Wahrheit des Gegenstandes sei, nämlich des „Gerechten, Guten, Schönen". (Phaedros 260a, Gorgias 459d) Aber auch der, der in einer Sache kundig ist, sie in rechter Weise versteht und nach ihrem inneren Prinzip erfaßt, bedarf darüber hinaus noch der Kunst der Überzeugung oder des Diskurses.

Alle drei: noetische Analyse des Erkenntnisgegenstandes, begriffliche Darstellung der Erkenntnis selbst sowie die Kunst von deren effizienter Vermittlung gründen auf der Dialektik. Sie ist nicht nur Methode, sondern die höchste, allgemeinste und reinste Form aller Wissenschaft und Gesetzlichkeit des Seins an sich. Und die Logik bildet deren rein formales inneres Gerüst. Sie bilden die wahre Kunst des Denkens und der Logoi, des Verfahrens nach und des Umgangs mit Prinzipien.

In ihrer diskursiven Form beinhaltet sie auch die Kunst der Überzeugung, als der Kunst der beseelten, auf wechselseitige Verständigung zielende Rede, die „recht eigentlich in des Lernenden Seele hineingeschrieben wird." (Phaedros 278a) Sie hat ihre Wurzel in der sokratischen Kunst der Unterredung, des Befragens und Antwortens.

Wir können die Dialektik auch als die innere, allem Sein und Erkennen zugrundeliegende Dynamik der Ideen und Prinzipien sowie ihrer wechselseitigen Beziehungen untereinander bezeichnen. Sie beinhaltet zugleich die allgemeinste Form der Gesetzmäßigkeit allen

Werdens als auch jener unserer noetischen Vernunft und unseres begrifflichen Denkens.

Das Eine-Gute ist der Sonne ähnlich: Wie ihr Licht ein Drittes, Mittleres zwischen und über Auge und Gegenstand, zwischen Sehendem und Gesehenem, so ist das höchste Gute ein Drittes zwischen und über Sein und Denken, Idee und Erkenntnis. Es ist der gemeinsame Quellgrund des Lichtes, durch das Erkenntnis und Erkenntnisgegenstand erst möglich sind.

Auch das ewig Schöne als der tiefste Gegenstand der Liebe und des geistigen Verlangens bezeichnet nur einen Anblick des universellen Inhalts der Dialektik. Es bedeutet zuletzt *das* Ewige selbst, nicht bloß ein Bild des Ewigen, *die* Idee, nicht bloß eine Idee; die Idee aber unter einem bestimmten Aspekt, nämlich dem der Form oder Gestalt (μορφη). Es bedeutet die Einheit des Mannigfaltigen, der geistigen wie auch abbildlich der sinnlichen Anschauungen, so daß die Schönheit der sinnlichen Gestalt zum bloßen Gleichnis der ewigen Gestalt, und damit die Idee zur Form, herabgemindert wird.

In jedem Fall aber bleibt bestehen, daß die Liebe in ihrer Form als philosophische Strebung in Gemeinschaft und logischer Entsprechung zur Strebung nach der Schönheit der sinnlichen Gestalt als Metapher für die Idee in der Bedeutung der Form zu denken ist. Und so bildet die Philosophie in jedem Falle, und zwar der Form, nicht dem Stoff nach, das Thema auch dieser Rede von der Liebe und dem Schönen, während dasselbe auch direkt, ohne Gleichnis, zum Ausdruck kommt im Begriff der Dialektik und ihres Objektes, der Idee.

Plato hat im Phaedros erstmals die formale Philosophie unter Absehung ihres materialen, das ist vorwiegend ethischen Inhalts, unter der Bezeichnung „Dialektik" als eine eigene wissenschaftliche Kunde bestimmt herausgehoben und als Grundlage der Philosophie überhaupt, oder in anderer Wendung als ihren höchsten Gipfel, bezeichnet. Es ist die Herausschälung der Logik als nicht bloß selbständiger, sondern schlechthin grundlegender philosophischer Disziplin.

Die einzelnen Wissenschaften haben nicht nur Wert an sich, sondern auch für die Bildung des Intellekts. Dieser tritt erst dann hervor, wenn man auf den Zusammenhang und die Verwandtschaft aller ihrer

Objekte untereinander achtet. Denn die systematische Zusammenschau der Wissenschaften unter sich ist die beste Vorschule für dialektisches Denken.

Die so verstandene Dialektik ist die eigentliche Schule der Philosophie; sie ist die Philosophie selbst, ihrer reinen Form nach. Nur,
wer der Dialektik mächtig ist, ist würdig Philosoph zu heißen. (Phaedros 276, 278d) Unter der Bestimmung der Dialektik als Verfahren
der Ideen und Kunst der Logoi, ist derjenige ein Philosoph zu nennen,
dem die Bedeutung der Idee (und des Begriffs der reinen Form) aufgegangen ist.

2. 2 Die Logik der Metaphysik des Einen

Im Folgenden wollen wir einige Postulate formulieren, die als Axiome einer Metaphysik des Einen angesehen werden können:

A 1: Eines und Nicht-Eines, Vieles, bilden den Urgegensatz in der
Welt der Ideen und Begriffe.

Das Nicht-Eine, Andere oder Viele setzt das Eine voraus. Ohne das
Eine hat das Viele keinen Bestand.

A 2: Das Eine ist notwendig absolut, das Viele relativ. Ersteres ist
Bezugspunkt des Vielen, nicht aber umgekehrt.

Das Eine steht in keinerlei Beziehung – weder zu anderem noch zu
sich selbst. Das Andere, Nicht-Eine, Viele, Relative dagegen steht in
multipler Beziehung zu sich selbst als auch zum Einen, Absoluten.

Das Absolute ist erster Grund und universaler Bezugspunkt alles
Anderen, Relativen.

Jedes In-Beziehung-Setzen des Einen (Absoluten) (auch zu sich
selbst) zöge es aus der Sphäre des Absoluten heraus und hinab in den
Bereich des Vielen und Relativen.

Jede Selbstentzweiung des Einen ist In-Beziehung-Setzung des Einen zu sich selbst und führt Jenes deshalb notwendig in den Bereich des Vielen, Relativen.

Dieses Eine ist dann nicht mehr das ursprüngliche Eine, sondern das andere Eine als Zweieinheit.

Mit der Zwei steht auch die Drei und mit der Drei alle (unendliche) Vielheit.

Es war Proklos, der in seiner im Rahmen der „Platonischen Theologie" entwickelten „Elementarmetaphysik" die logische Struktur seines Gedankengebäudes auf fünf Axiome aufgebaut hat:

1. Jede Vielheit hat in irgendeiner Form am Einen teil;

2. Alles, was am Einen teilhat, ist sowohl Eines als auch nicht Eines (also Vieles);

3. Alles, was Eines wird, wird Eines durch die Teilhabe am Einen;

4. Alles Geeinte ist verschieden vom Einen selbst;

5. Jede Vielheit ist seinsmäßig später als das Eine.

Daraus folgt: Alles Viele ist Abkünftiges, das heißt logisch und ontologisch Abgeleitetes. Es setzt deshalb das Eine immer schon voraus.

Dieses Prinzip offenbart sich auch im Einheitsbedürfnis unseres Denkens: „... wenn das Denken, obgleich es Vielheit ist, doch nicht Vielheit sein läßt, so holt es offenbar auch hier das Eine von irgendwoher ans Licht, entweder indem es der Vielheit das Eine, das diese nicht hat, dargibt oder es führt, indem es mit seinem Scharfblick das in der Ordnung verborgen liegende Eine erkennt, die Wirklichkeit des Vielen auf das Eine zurück." (En. VI 6, 13, 19 - 24)

Dieser Grundsatz von der Bedingtheit alles Vielen gilt auch in seiner Umkehrung: Alles Abkünftige und Abgeleitete ist notwendig (ein) Vieles. Vielheit ist seine allgemeine Seinsform.

„Nach dem Gesagten ist es nicht richtig, Jenes in die vielen Dinge zu zergliedern, sondern muß man vielmehr die Vielheit der zergliederten Dinge auf das Eine zurückführen, und Jenes ist nicht herabgekommen zu diesen, sondern" übertragen wir die (aus der Erfahrung stammende) Vorstellung der Gliederung der Dinge auch auf das Eine, so als wollte man das ihre Vielheit Zusammenhaltende in gleiche Teile zerlegen, wie das Zusammengehaltene.

Die absolute Transzendenz des Einen gründet in seiner jede Vielfalt ausschließenden Einfachheit. Alles nicht vollkommen Einfache kann notwendig nicht aus sich selbst bestehen. Es konstituiert einen fundamentalen Mangel, der einen ihm vorausgehenden Grund und Ursprung fordert. Allein das Eine ist letzter Grund, der selbst (alles) trägt und gründet.

Ganzes und Teile:

Ist ein Ganzes nicht „in" den Teilen eingeschlossen, auch nicht in allen, so ist es nicht „in sich selbst", da es, wenn nicht irgendwo, überhaupt nicht wäre.

Diese und ähnliche Axiomatiken führen zu folgender Hierarchie von Begriffen.

2. 3 Die Hierarchie der Hypostasen und Begriffe

Stufe 1:

Eines

⇓

Dimensionierter Raum

Der Hervorgang des reinen Geistes oder Bewußtseins, der zugleich ein unbedingtes Rückblicken des Entsprungenen auf das Entspringen-lassende ist, ist symbolisch als Entfaltung eines dimensionslosen Punktes in einen überabzählbar dimensionierten unendlichen Raum darstellbar. Die Dimensionen repräsentieren hierbei die unendliche Vielfalt der eidetischen Bestimmungsmöglichkeiten oder Ideen mög-lichen Seins. Sie sind es, die den Raum dimensionieren.

Stufe 2:

Eines

Eide und Ideen

Gene

Species

Partikuläre Singularitäten

Die differentiae specificae, die ihren Ursprung in den reinen be-wußtseinsimmanenten Ideen haben, sind es, die das (Bewußt-)Sein differenzieren und dimensionieren.

Stufe 3:

Eines

Horizont der absoluten Transzendenz

Sein, Bewußtsein, Geist

Totalität und Kosmos der Eide, Ideen und Bestimmungen

Seinshorizont

Geschaffene empirische Welt der seienden, gewordenen Wesen und
Dinge

Azilut: Licht- oder Kausalwelt

Beriah: Mentalwelt

Jezirah: Astralwelt

Assiah: grobstoffliche, sinnfällige Welt

Untere Grenze: Chthonische, wesen- und seinslose Welt, vollkommene Formlosigkeit

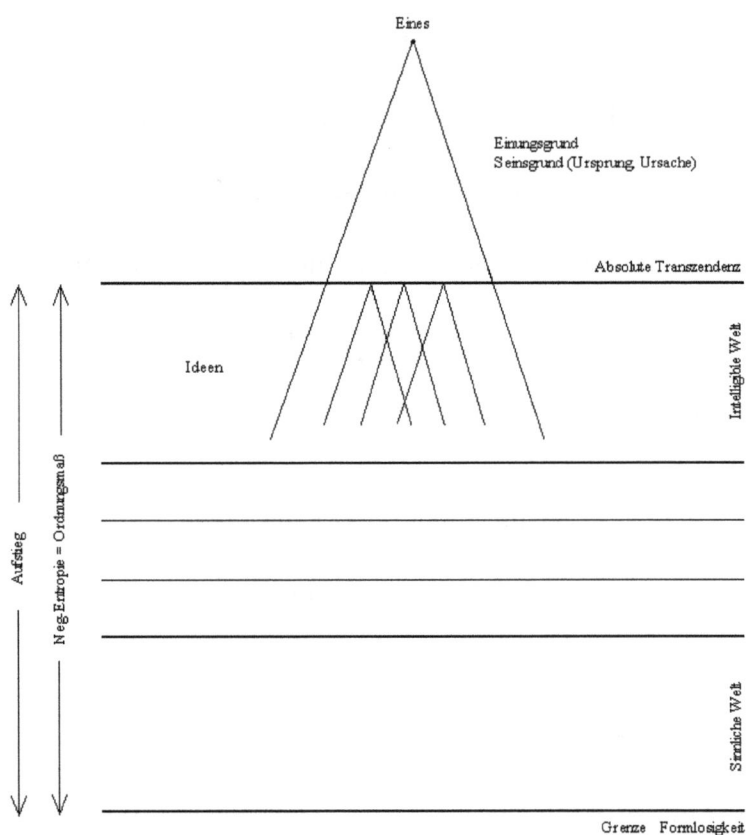

Eines

Einungsgrund
Seinsgrund (Ursprung, Ursache)

Absolute Transzendenz

Ideen

Intelligible Welt

Aufstieg

Neg.Entropie = Ordnungsmaß

Sinnliche Welt

Grenze   Formlosigkeit

82

2. 4 Die dialektische Beziehung zwischen Sein und Werden, Begriff und Erkenntnis

2. 4. 1 Teilhabe und Begriff

Die Erkenntnis der höchsten Wahrheit ist nicht Summe der Erkenntnis verschiedener Aspekte der Wahrheit – das entspräche ja ganz dem paulinischen Stückwerk -, sondern Erkenntnis der einen, ganzen Wahrheit selbst, jenseits aller Teile und Splitter. Sie ist Erkenntnis des Ganzen im Einen und selbst aus einem Guß.

Wahre Erkenntnis ist Schauen und im Schauen vollzieht sich die Einung mit dem Geschauten, wie es heißt: "Was wir innerlich schauen, daran gewinnen wir wesenhaft Anteil." In der Erkenntnis des Selbst als des Wesens aller Dinge wie auch umgekehrt des Wesens aller Dinge als unser Selbst vollzieht sich jene Einung, die Alles – Welt, Gott und Ich – umfaßt. Das in der Wesenserkenntnis Erfaßte ist zwar seiner empirischen Existenz nach dennoch nur ein differenziertes Eines und qualifiziertes Mannigfaltiges, als es selbst aber ein an Selbst und Einem Teilhabendes.

Das beinhaltet den Kern der Unterscheidung zwischen Sein und Werden, Wesen und Erscheinung, der Einheit des Seins und der Vielfalt des Seienden bzw. auch der Vielfalt der Ideen und dem einen Grund aller Ideen, der Idee der Ideen als dem Einen selbst.

Die Beziehung zwischen φαινομενον und νοουμενον, zwischen Erscheinung und Wesen (Idee) ist nicht nur die der Bildhaftigkeit und des Abbildes (μιμεσις), sondern etwas darüber hinaus Gehendes. Schon im Charakter des Abbildes liegt die Notwendigkeit von Gemeinschaft und Teilhabe, die das Bild mit dem Urbild hegt – hier aber nur strukturell. Denn, würde das Bild nicht Strukturaspekte des Urbildes widerspiegeln, an denen es als Bild teilhat, wäre es gar nicht dessen Bild. Also geht strukturelle Teilhabe notwendig mit Bildhaftigkeit einher.

Wenn es nun insbesondere heißt: "Ihm zum Bilde schuf Er ihn", so geht dies jedoch über den Aspekt nur struktureller Gemeinschaft zwischen Bild und Urbild (ειδος) hinaus, als das nach Seinem Urbild

Geschaffene auch substantiell und seinshaft (ουσια) an ihm teilhat. Geschöpf und Schöpfer teilen eine Wesensgemeinschhaft (κοινονια) ihrer Substanz (ουσια).

Das Geschöpf (die Seele) hat nicht nur an der Totalität der Ideen, sondern an Sein und Leben des Schöpfers (νους, δημιουργος) selbst teil. Umgekehrt ist Sein Geist in den geschaffenen Dingen und Kreaturen gegenwärtig. Das nennen wir essentielle Teilhabe und substantielle Gegenwart. Vermittels des Logos ist Er unser Licht und Leben. Das Zeitliche hat Anteil am Ewigen, und das Ewige ist gegenwärtig inmitten der Zeit.

Das Teilhabe und Gegenwart Vermittelnde ist der Logos. Er ist das alles verbindende und vermittelnde Prinzip zwischen Sein und Werden, Ewigkeit und Zeit, Geist und Seele am Horizont des Seins. Er ist das Bindeglied und die Brücke zwischen ungeschaffenem, intelligiblem Kosmos und geschaffener, empirischer Welt. Durch ihn findet alles seine Differenzierung bis hin zur Manifestation, in ihm aber auch seinen Zusammenhalt, seine Rückbindung und alleinigende Wiederkehr im Alleinen. Er ist die hinter den Dingen stehende Dynamis allen Werdens und Entwerdens, des Ins-Sein-Tretens und der Erkenntnis.

Dieser Sinn kommt unverfälscht im Begriff der Teilhabe (μεθεξις) des Teils am Ganzen wie auch des Seienden am Sein u. dgl. zum Ausdruck, dem das Unteilhafte und Unteilbare (αμερες, ατομος) wie auch das Eingestaltige (μονοειδες) des Seins und der Ideen gegenübersteht.

Wie All und Alles aus dem Einen hervorgeht, so haben auch All und Alles im Einen ihren letzten Grund und ihre tiefste Bedeutung. In ihm fließt alles zusammen. Deshalb können wir sagen: Wer das Eine erkannt hat, hat Alles erkannt.

Drei Formen oder Aspekte sind es, die die Beziehung zwischen Idee und Erscheinung bestimmen. Diese sind μιμησις (Mimesis, im Sinne der Ab- oder Nachbildung), Teilhabe und Gegenwart. Unter

μιμησις (Mimesis) verstehen wir die Abbildbeziehung, die die Erscheinung gegenüber der Idee oder dem Eidos innehat.

Mit ihr verknüpft sind die im umgekehrten Sinn gebrauchten Begriffe der Parusie (παρουσια) und Koinonie (κοινον), der "Gegenwärtigkeit" und "Gemeinschaft" des teillos unwandelbaren Ewigen
(αιον) in und mit dem Teilhaften, Wandelbaren, Vergänglichen im
Sinne des Heraklitischen ξυνον, in dem der Ur-Sinn des griechischen
"mit" - ξυν - hindurchtönt. Univok wird er von Paulus auch in Bezug
der bewußt erfahrenen Teilhabe der individuellen Seele am Logos
gebraucht, wie es heißt: "So hegt mich Christus als sein Mit-Ich, als
Bei-Wort des Wortes, nach allen Seiten hin". Damit "bin ich zum
Mit-Schöpfer des Schöpfers" geworden. Demgemäß erkennen wir
uns – der Redeweise der vedischen Tradition gemäß – aus der Sicht
der Identifikation mit dem Körper als "Sein Diener", aus der des individuellen Geistes als "Sein Kind", aus der des reinen Bewußtseins
oder "Ich Bin", aber als "Er selbst". Das beschreibt den Aufstieg der
Seele und des Bewußtseins über verschiedene Stufen der Teilhabe bis
hin zur Parusie des Seins selbst, wie es heißt "Alles Werden ist Streben zum Sein".

Im "Lichte Seines Angesichts" (Hebräisch: "be-or Panecha), im
Lichte von Sein und Logos sind All und alles, du und ich und alle
Geschöpfe eins und geeint; alles ist miteinander verschränkt, indem
es selbst mitten in der unmittelbaren allvermittelnden Gegenwart des
Ewigen steht, und eben damit das Ewige mitten in ihm. Das Allver-
mittelnde ist das höchste Eine selbst als höchster Einungsgrund alles
Vielen, aus der Sicht und Erfahrung der Seele aber ist es die allum-
fassende Liebe.

Koinonie besagt im tiefsten Sinne unaufhebliche Kontinuität von
Kohärenz, sprich ewige Einheit des Seins, in der alle Ab- und Aufspaltung ein-für-allemal überwunden ist, so daß das sich uns als teilhaft darstellende Seiende nicht mehr in sich teilhaft, sondern selbst
völlig in der Einheit des unteilhaften Seins mitaufgehoben ist,
wodurch es in seinem wesenhaften Bestand gewahrt, sowie von seiner Teilhaftigkeit und allen durch diese und nur durch diese ihm an-
haftenden Mängel erlöst ist.

2. 4. 2 Dialektik von Sein und Werden, Sein und Erkenntnis: Identität und Wandel in den Gestalten des Seins und der Erkenntnis

Präsenz (παρουσια) und Teilhabe (μεθεξις) sind die beiden reziproken Grundformen, nach denen die Prinzipien und Ideen des transzendentalen Seins in den Dingen der Welt in Erscheinung treten. Sie sind selbst die Prinzipien, welche die Formen der Immanenz der Ideen in den Erscheinungen am deutlichsten bezeichnen. Während es die Dinge sind, die an den Ideen „teilhaben", sind es die Ideen, die in den Dingen „präsent" sind. Die Spiegelbildlichkeit dieser Relationen ist es, warum wir sie reziprok nennen.

Die in Raum und Zeit als Koinzidenzen von Attributen in Erscheinung tretenden Dinge sind selbst Emanationen von in ihnen koinzidierenden Ideen. Anders ausgedrückt sind die alles Seiende konstituierenden Attribute nichts anderes (als durch den Logos bewirkte) Emanationen jener Ideen. In den Attributen treten die Ideen immanent in Erscheinung. Sie sind in ihnen präsent.

Dasjenige, dem die Bestimmungen durch Attribute zukommen oder beigelegt werden, das „sub iectum", ist selbst nichts anderes als ein Ensemble von Attributen, im letzten Grund jedoch ein selbst Unbestimmtes, dem all diese Attribute – vermittels der Teilhabe an den ihnen zugrunde liegenden Ideen – zukommen. Wir sagen: „Dieser Tisch ist rot" und sprechen damit dem Ding „Tisch" das Attribut des „Rot-Seins" zu. Was aber ist das Subjekt „Tisch"? Dieses ist eine „res extensa", ein Raum und Zeit einnehmendes Etwas, das selbst durch eine bestimmte Zahl von Attributen konstituiert ist; es ist also selbst ein Ensemble von Attributen, die darin emanieren, daß sie jede für sich Raum und Zeit einnehmen und diese (zumindest partiell) gemäß dem Prinzip des ontologischen Nicht-Widerspruches (daß nicht zwei gegensätzliche Bestimmungen gleichzeitig in Einem sein können) miteinander teilen. So ist dieses Seiende „Tisch", ein Etwas, dem eine gewisse Formgestalt, eine gewisse Größe, eine gewisse Beschaffenheit, ein gewisses Gewicht etc. als empirische Bestimmungen zukommen, und diesem Ensemble von Attributen legen wir nun in unserem Urteil noch ein weiteres Attribut, nämlich das des Rot-Seins, bei.

Was aber ist dieses Etwas? Was bleibt von ihm, wenn wir all seine Attribute und Bestimmungen von ihm abziehen? Wenn wir dies tun, bleibt nur der Ort, an dem all diese Attribute koinzidieren, das ist der leere Raum, bzw. das reine Bewußtsein als sein Träger oder seine Existenzbedingung. Dieser leere Raum ist selbst ein ontologisch völlig Unbestimmtes, das jedoch jeder möglichen Bestimmung fähig ist. Gerade diese, seine Unbestimmtheit, ist es, die ihm die Fähigkeit verleiht, selbst zum Träger von Bestimmung zu werden.

Das letzte Subjekt aller möglichen Bestimmungen, dieses aller (empirischen) Attribute entkleidete Etwas, ist also der leere Raum. Er ist gleichermaßen der virtuelle Bildschirm, auf den der Logos die Abbilder der reinen Ideen aus der Tiefe des Seins projiziert.

Jedes seiende Ding ist eine solche Projektion ewiger Ideen. Bevor es rote Dinge gibt, ja bevor es überhaupt etwas gibt, gibt es die Idee des Roten oder der Röte selbst. Sie geht dem Attribut voraus. Die (a posteriori) geschaffenen roten Dinge sind wohl Bilder des Roten, als Abbilder jedoch nur Abglänze der Idee des Roten, nicht aber das Rote selbst.

Jedes In-die-Existenz-Treten einer Idee beinhaltet die Einnahme von Raum und Zeit durch das jener Idee entsprechende Attribut. In anderen Worten: Jede sich als Attribut offenbarende Idee tut dies, indem sie einen ein bestimmtes Ausmaß (Volumen und Dauer) einnehmenden Ort in Raum und Zeit qualitativ, eben durch die Erscheinung derselben nach dem ihr entsprechenden Maß (Frequenz, Intensität, ...) bestimmt, sprich qualifiziert. Schöpfung oder Manifestation als Emanation von Ideen in Raum und Zeit ist somit nichts anderes als (immanente) Qualifikation von gewissen (endlichen) Ausschnitten von Raum und Zeit durch jene (transzendentalen) Ideen.

Manifestation beinhaltet also stets das Zusammenkommen von vier Faktoren. Diese sind Raum, Zeit, Attribut und Sein. Die Annahme einer unabhängigen, eigenständigen, über Raum und Zeit hinausragenden Substanz ist nicht nur nicht nötig, sondern schon vom Begriff her widersprüchlich. Denn entweder wäre eine solche Substanz etwas

Bestimmbares, und dann wäre sie selbst Attribut, oder sie ist von Natur her unbestimmbar, dann ist sie aber eben dasjenige der Bestimmung fähige Unbestimmte, als das wir ja den leeren Raum bestimmt haben.

Wenn wir also von Manifestation sprechen, so ist das immer immanente Präsenz transzendentaler Ideen in Raum und Zeit in der Form von Raum und Zeit qualifizierenden Attributen. Der leere Raum (bei Plato χορα genannt) ist also das eigentliche Subjekt, dem alle jeweiligen (empirischen) Bestimmungen zukommen. Logisch gesehen ist er das Subjekt aller möglichen (empirischen) Prädikate.

Empirische Prädikation, das heißt Aussage eines empirischen Sachverhaltes, ist somit nichts anderes als die Behauptung der Teilhabe eines empirischen Gegenstandes an *bestimmten* transzendentalen Ideen. Wir sehen also, daß die ganze Welt der vergänglichen Erscheinungen überhaupt nicht unabhängig von der intelligiblen Welt der ewigen Ideen gedacht werden kann. Letztere ist nicht nur ursprünglicher, sondern auch seinshaft existentieller Grund und Wurzel aller in Raum und Zeit emanierenden (empirischen) Dinge und Eigenschaften.

Es gibt somit keine rein empirische Aussage, da jedes Sinnfällige und Immanente nicht nur nicht vom Intelligiblen und Transzendenten losgelöst bestehen, sondern auch nicht von ihm losgelöst gedacht werden kann.

Deshalb lehrte schon Plato, daß die Möglichkeit des empirischen Urteils, die Erfahrungsaussage also, erst durch die Möglichkeit des reinen Urteils, und dieses durch die Seinsform des reinen Seins als Sein, gewährleistet ist. Demgemäß ist auch die allgemeine Form des elementaren Satzes ebenfalls durch die logische Form des reinen Grundurteils, nämlich, daß das Eine Eines und das Sein Sein ist, bestimmt.

Das erscheinende (empirische) Ding als Ensemble von (raumzeitlich) koinzidierenden Attributen ist ein Ganzes, dessen Teile die Attribute sind. Reduzieren wir das Ding auf seine Attribute, so bleibt von dem Ding als solchem nur noch die Idee der in seiner Ganzheit offenbarten Koinzidenz selbst.

Es ist alte Weisheit, daß das Ganze mehr ist als die Summe seiner Teile, hier also der im Ding koinzidierenden Attribute als seiner Bestimmungen. Das „Mehr" aber ist seine ideelle Gestalt, das ist die seine Ganzheit bestimmende Idee von Koinzidenz. Diese Koinzidenz ist das konstituierende Merkmal von Individualität, die unike Form seiner singulären Existenz.

Zu den oben genannten Grundmerkmalen der seienden Dinge gesellt sich nun noch das Prinzip der Individualität, als der unteilbaren Gestalt der in ihm zusammentreffenden Attribute bzw. Ideen.

In unserer analytischen Bestimmung des Allgemeinbegriffes des Seienden schlechthin haben wir bisher fünf Kategorien von Bestimmungsmomenten aufgefunden. Diese sind:

Sein,

Idee,

Raum,

Zeit,

und Individualität (Gestalt, ειδος, μορφη).

Erst wo diese fünf zusammenkommen, können wir von einem seienden Ding oder einer Kreatur sprechen.

2. 4. 3 Geist und Begriff

Darin liegt ein Wesensmerkmal unseres Geistes, daß er fähig ist, „dem Begriff nach Ausgesagtes" (κατ ειδος λεγομενον) zu verstehen, welches aus den vielen einzelnen Bewußtseinsinhalten durch deren gedankliche Synthese zustande kommt. Hierbei bedeutet das griechische ξυνιεναι für das Verstehen ein Zusammen- und Eingehen in die Einheit des Bewußtseins. Das aber ist Anamnesis, Wiedererinnerung der uns uranfänglich eingeborenen und im Anfang unvermittelt jenseits jeden Bildes und Gleichnisses geschauten Ideen.

Das ist ein erster Schritt des dialektischen Verfahrens, daß man das vielfältig Zerstreute in *eine* Sicht (unter *eine* Idee) zusammenschaut, damit man durch Definition ein für allemal klar mache, wovon man unterrichten will. (Phaedros 238d & 262b)

Der zweite Schritt des dialektischen Verfahrens ist der Gegensatz des Vereinigens (αναιρεσις – Anairesis) und der Scheidung (διαιρεσις – Dihairesis) in die Arten „nach der natürlichen Gliederung des Gegenstandes", wodurch der gemeinsame Oberbegriff zunächst in zwei zerlegt wird, dann etwa jeder wieder in zwei und so fort „bis zum Unzerleglichen". (277b) Man muß das methodisch auseinanderhalten, was sich in Hinsicht auf ein sicheres Unterscheidungsmerkmal unterscheidet und danach jede der beiden Arten zu erfassen suchen.

Diese beiden Schritte des Verfahrens bestimmen – unter den Bezeichnungen der Vereinigung (συναγωγη, Komprehension) und Auseinanderhaltung (διαιρεσις, Differenzierung) – ein Gemeinsames, was in der Tat beide zusammenhält, nämlich, daß es uns befähigt – was der Natur höchst ursprünglich zu eigen ist – alles nach seiner Einheit und Vielfalt, nach Gemeinschaft und Unterschiedlichkeit aufzufassen, jedes als das, „was es ist" (ο εστιν) nach Begriffen (ειδη) zusammenzufassen und auseinanderzuhalten – bis zum Unzerleglichen.

Denn nur der reine, auf der Idee gestützte Begriff ist der Ursprüngliche, der empirische der Abgeleitete.

Das Wesen der Wissenschaft (τεχνη, επιστημη) bildet die Erkenntnis der Natur (φυσις) des Gegenstandes, oder des Wesens seiner Natur (ουσια της φυσεως), seiner Kraft oder seines Verhaltens (δυναμις), seines Wirkens und Erleidens (245c) und seines eigentlichen Grundes (αιτια). (Phaedros 270-271)

Nach der übersinnlichen Schau der reinen Vernunft ist aber die oberste Kunst die Wissenschaft der reinen Begriffe, also die Dialektik, diejenige, die – im Unterschied zu jenen der Anschauung oder Vorstellung, also des Scheins – mit dem „Felde der Wahrheit" übereinstimmt.

Bei Plato sind „das, was es ist" (τι εστιν, ο εστιν, ο τι εστιν), Wesen (ουσια), Begriff (λογος), Natur (φυσις), Kraft und Bedeutung (δυναμις), „es selbst" (αυτο), und „es selbst, an sich" (αυτο καθ αυτο) übliche Kennzeichnungen der Idee. Manchmal gebraucht er auch Bezeichnungen wie „wahrhaft" bzw. „seinshaft" (οντως oder τω οντι), ον, οντα, das, was ist, singular und plural, oder zusammenfassend verdeutlichend Ausdrücke wie „wahrhaft seiendes Wesen", „seinshaft seiendes Sein", mit einem Wort das Sein als Prädikation.

Die Idee ist die durch bloße Vernunft, ungemischte, das heißt von aller Sinnlichkeit unberührte, farb- und gestaltlose Erkenntnis des reinen Seins, das weder am Werden teilhat noch irgendwo anders oder in einem anderen seiend ist, sondern nur da als es selbst in sich selbst ist, wo es wesenhaft nichts anderes als es selbst ist.

Dies ist begriffen als das schlechthin Ursprüngliche der Erkenntnis überhaupt, deren Ursprünglichkeit in einer übersinnlichen Schau der Seele gründet, die von aller Identifikation und Vermittlung durch physischen Leib und Sinne frei aufsteigt in das nackte Sein. Was wir dort schauen sind die „unversehrten, einfachen, wandellosen, seligen Gesichte" die wir „in reinem Glanze" ihrer ursprünglichen und ewigen Herrlichkeit daselbst erblicken.

Nun ist es ja nicht etwa eine Frage bloßer Übereinkunft (Konvention), auf welche Begriffe man sich in der Begründung der Wissenschaften festlegt, sondern eine des methodischen Herangehens an die betreffende Sache – und damit durch Wesen und Idee der Sache selbst bestimmt. Leitender Impuls unseres Vorgehens ist der Wille zur Befriedigung unseres Bedürfnisses nach einer letzten genetischen Begründung, in der der Logos das letzte Urteil spricht. Die dialektische Methode ist es, die alle eventuell vorausgehenden willkürlichen Voraussetzungen aufhebend, zum Anfang selbst geht, um in ihm festen Stand zu gewinnen. „Der Aufstieg zum unmittelbaren Anfang bedeutet [zugleich] die letzte Sicherung der Erkenntnis, den letzten sicheren Halt überhaupt." (Natorp 6. Kap. 4. B)

Wie wir die erste und oberste Gewißheit all unserer Erkenntnis in der inneren Selbstgewißheit unseres Ich-Bewußtseins haben, so liegt das letzte Fundament aller Begründung von Wissenschaft und Erkenntnis schlechthin in der Idee.

2. 4. 4 Dialektischer Aufstieg zur Einheit und zum Einen: Das dialektische Verhältnis zwischen Einheit und Polarität (Vielheit) als Grundverhältnis von Sein und Werden, Denken und Erkennen

Haben wir eine Sache ihrer Idee nach erkannt, so sind wir in ihr zwar zur Einheit als zu einem ungeteilten, unverrückbaren und einzigen Urteil bzw. zur Einheit einer Wissenschaft gelangt, nicht aber zur Einheit des Seins selbst. Wir stehen im Ganzen noch in der Vielheit, als wir die (Vielheit der) Ideen als nebeneinander stehendes Vieles, eben das platonisch Eine-Viele begreifen.

Erst wo wir die Einheit der Ideen im Einen-Einen als dem Ursprung der Idee aller Ideen, die im Logos zugleich differenziert als auch (unter die Einheit der Totalität des Seins) eingefaltet sind, schauen und erfassen, stehen wir in der wahren, obersten und vollkommen undifferenzierten Erkenntnis als vollkommener Einheit von Sein und Bewußtsein, Gott und Selbst.

Dort erlangt der Pilger die Ruhe (ησυχια) im Sinne Platos oder Augustins, des Vedanta, Buddhas oder Baal Shem Tow's: bei letzteren jeweils Sunyata, Nirvana oder Ajin Sof genannt. Das Eine-Eine ist nicht nur die vollkommene Leere im Sinne völliger Abgeschiedenheit von aller Kreatur, sondern auch absolute Transzendenz jeglicher intelligibler Idealität.

Fassen wir zusammen: Alles ist Ab- und Aufstieg, und – wie es heißt: „der Abstieg ist um des Aufstiegs willen."

Der Schritt vom seinstranszendenten Einen zum Sein ist die Selbstkonstitution des Geistes als Totalität der Ideen, das ist des platonischen Einen-Vielen. Es ist der Logos, der das Eine in Vielheit auseinanderlegt und die Vielheit wieder in das Eine zurückführt. Das Eine-Viele ist der Ursprung aller Prädikation, der Anfang aller Qualifizierung, Differenzierung, Graduierung, Spannung, Schwingung und Kraft. Ihr gemeinsames oberstes Prinzip ist die Idee der Selbstentzweiung des Geistes in Subjekt und Objekt bzw. die Polarität von Thesis und Antithesis. Das heißt: Alles Gegensätzliche hat seinen Ursprung aber auch seine Koinzidenz im oberen Einen.

0

+   −

Da, wo das Eine sich selbst verneint, und diese seine eigene Negation aus sich selbst ausstößt, in anderen Worten, zugleich seine eigene
(mögliche) Negation zusammen mit seiner Proposition ins Sein setzt,
dort entsteht Zweiheit und Polarität. Sie ist Grund, Anfang und Wurzel alles Meß-, Wäg- und Zählbaren.

Mit der Zwei entsteht die Drei, und mit ihr alle Vielfalt, Differenzierung und Mannigfaltigkeit der Welt und der Dinge (Maya), von
Selbst und Nicht-Selbst, Licht und Dunkel sowie sämtlicher Abstufungen, Mischungen und Zwischentöne zwischen den beiden. Das
Tao spricht deshalb von der Welt als von den „Zehntausend Dingen".

Das ist auch der Kern der Dialektik, wonach die aus der ersten
Thesis abgeleitete Gegensätzlichkeit von Thesis und Antithesis ihre
Lösung in der Synthesis als des in die Thesis (zurück-) erhobenen
und in ihr aufgehobenen Gegensatzes findet.

Alle Gegensätze koinzidieren in der Transzendenz.

Der oberste Gegensatz und Inbegriff des Gegensätzlichen schlechthin ist der zwischen Ungegensätzlichem und Gegensätzlichem, das
heißt zwischen Einheit und Gegensätzlichkeit (der unbestimmten
Zweiheit) selbst. Dieser Urgegensatz gründet in der Entgegensetzung
des Einen zu sich selbst, in der reinen Negation. Sie ist Wurzel und
Anfang allen Abstiegs.

Dieser Grundgegensatz hat ein Gleichnis im Bilde des Lichtes.
Nehmen wir das Licht als Bild der Vollkommenheit und Fülle der
Einheit des Geistes und die Finsternis als das völliger Beraubung,
reiner Negation also, so können wir das Prinzip des Grundgegensat-

zes im Gleichnis des Lichtes bildhaft veranschaulichen. Wo wir dem Urprinzip des Lichtes dessen Negation entgegensetzen, entsteht aus dem transzendeten Urprinzip des Lichtes – absteigend – der immanente Gegensatz zwischen Licht und Finsternis, zwischen hell und dunkel:

Licht

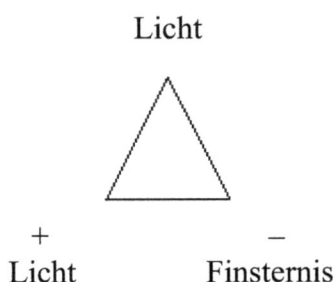

+   –

Licht   Finsternis

Das (immanente oder geschaffene) Licht bildet die Thesis, die Finsternis die Antithesis. Als solche ist das Licht substantiell, die Finsternis aber Mangel.

So steht es mit allen Vollkommenheiten im Geiste: In ihm sind sie absolut, eins, unteilbar und ohne Gegensatz, in der Welt der Erscheinungen bilden sie relative, mangelhafte, aber doch substantielle (weil in ihrem transzendenten Ursprung durch Sein und Vollkommenheit der Idee gestützte) Entitäten oder Seinsformen, die sich ihren eigenen Negationen als ebenfalls relativen, aber wesentlich substanzlosen Seinsformen antithetisch gegenüberstehend finden.

Während die Thesis eine Stütze im Sein hat, ist die Antithesis ein wesentlich Nicht-Seiendes. So haben auch nur das Licht, das Wahre, das Gute und das Schöne, das Sein und das Leben ein Urbild in Gott (im Geiste), nicht aber deren Negationen – die Finsternis, das Unwahre, das Übel und das Häßliche, das Nicht-Sein und der Tod. Diese stellen allesamt nichts anderes als Seinsmängel des Seienden, genauer mangelnde Teilhabe des Seienden an den thetisch in ihm gegenwärtigen transzendentalen Vollkommenheiten dar.

Im Buch „Antwort der Engel" heißt es: „Das Böse ist das noch nicht verwirklichte Gute" und so ist auch das Häßliche als das Un-Schöne, das nur noch nicht verwirklichte Schöne. All das sind Seinsmängel, die dem Sein selbst schon per definitionem nicht zukommen können. Und wo das Licht aufleuchtet, dort schwindet die Finsternis; wo das Gute hinfällt, dort verschwindet das Übel. Mit anderen Worten: Alles Negative – Mangel, Übel, Unvernunft, Begierde, Finsternis – ist in sich seins- und wesenlos. Deshalb kann es auch nicht Gegenstand der Erkenntnis sein.

Nur wo sich die form- und qualifizierbare individuelle Seele aus freien Stücken, das ist aus ihrem eigenen Willen, von jenen Negativitäten, die sie am Stofflichen als dessen Wesenszug – und Mangel ist nun einmal das Wesen des Stofflichen – vorfindet, überformen und prägen läßt, indem sie sich der hohlen Macht des Stofflichen hingibt und unterwirft, vermögen jene Unvollkommenheiten von ihr Besitz zu greifen und ihre Gottesebenbildlichkeit durch die häßliche Maske des Übels in jenem Maße zu entstellen, als sie sich von jenen Unwerten beherrschen läßt, und somit ihres Seins und Wesens verlustig geht.

Das ist im biblischen Bild mit dem Essen, sprich Einverleiben der verbotenen Frucht, vom Baum der Erkenntnis des „Guten *und* Bösen" – „Etz ha-daat tov ve-ra" – gemeint: Nur, wer durch Abwendung vom Gott des Lichtes und in freiwilliger Selbst-Unterwerfung unter die Macht des Herrn der (substanzlosen) Phantome gerät, der kommt unter dessen Macht und gewinnt dadurch „Erkenntnis" von „Gut-*und*-Böse". Ohne diese Erfahrung geistiger Todesnähe vermag er das Gesetz des Übels nur von außen und als Erleidender, nicht aber als Verursacher von Übel und damit als ein an der Ursünde Teilhabender erfahren. Vom Baume des Lebens essend, gewinnen wir dagegen strahlende Ewigkeit.

Sein, Idee, Wesen und Erkenntnis sind durch und durch positive Begriffe und nur affirmativ zu verstehen. Im Kosmos der Ideen kommt ihnen Absolutheit, in der Welt der Erscheinungen jedoch nur gestufte Relativität zu. Wie das Licht, so manifestieren sie sich in der empirischen Welt in diversen Abstufungen und Graden.

Darum heißt es auch: "Gott ist Licht und Finsternis ist nicht in Ihm." (1. Joh. 1. 5) das gilt gleichermaßen für das Wahre, Gute und Schöne und alle Vollkommenheiten und Tugenden gleichermaßen.

Dementsprechend haben die Begriffe des Bösen und Häßlichen, wie auch der Finsternis und der Unvernunft keine transzendentale Bedeutung, weil ohne Urbild (ειδος) und Sein (ουσια) in Gott.

Sie sind ausschließlich empirische Begriffe mit empirischer Bedeutung, die den Seinsmangel eines geschaffenen Seienden ausdrücken. In ihren Ursprung zurückgehoben, koinzidieren sie in ihrer transzendentalen, absolut einheitlichen Seinsform, die jeden Mangel, jede Teilung und jede Negation aufhebt und ausschließt.

Wie die Begriffe, so mündet auch alle Erkenntnis in die transzendentale Einheit des absoluten Seins und die seinstranszendente Einheit des Einen. Dort, in seiner alljenseitigen absoluten Fülle (πλερομα) hört alles Fragen und Begreifen auf.

Der Aufstieg zu jenem ersten Grund und Anfang ist das Streben aller Erkenntnis und Wissenschaft. Nicht werden wir müde, uns danach zu strecken und dahin aufzusteigen und haben alles überhaupt Faßbare und Seiende zum Ausgang und Trittbrett unseres Forschens gemacht, um dahin zu gelangen. Und die metaphysische Dialektik ist der goldene Weg zu jenem letzten Ziel.

Das dialektische Prinzip selbst, wie es hier verstanden und dargestellt ist, ist nichts anderes, als die dynamische Ausgestaltung der reziproken Prinzipien von „Selbsteinschränkung" und „coincitentia oppositorum", von absteigender Polarisierung und aufsteigender transzendentaler Integration. Diese beiden bilden die komplementärrezipoken Prinzipien im logisch-begrifflichen Nachvollzug der beiden Urakte des Logos.

Sowohl in der Philosophie als auch in der Wissenschaft hat die Menschheit stets nach einer Formel oder Theorie gesucht, in der „simplex sigillum veri est". (Wittgenstein: TLP 5. 4541, Tagebuchaufzeichnungen, 19. 9. 16) In den Mysterien war es der „Heilige Gral" bzw. der „Stein der Weisen" („Lapis Philosophorum"), in der Naturwissenschaft die „Weltformel" oder „allgemeine Feldgleichung", in denen wir alles Wissen unter einem Begriff zusammengefaßt sahen. Sind uns erste durch göttliche Offenbarung zuteil geworden, so haben wir uns der zweiten durch Forschung, Vernunft und Intuition genähert. Die wirklich letzte, allumfassende, alles Sein und

Wissen umschließende Formel und Erkenntnis jedoch, die jeder selbst entdecken und verwirklichen will, ist das „So-Ham" oder „Tat Twam Asi" als transzendentale und letztendliche Antwort auf all unser Suchen.

2. 5 Die Begründung der Dialektik aus dem Einen und ihre Bestimmung als Gesetz des Logos

Alles Sein, Leben und Erkennen ist Auf- und Abstieg zwischen verschiedenen Dimensionen des Seins, Welten und Entelechien. Jeder Schöpfungsakt und jeder Akt der Verwirklichung ist Ab- und Aufstieg von und zurück zum Ursprung. Alles Sein und Erkennen hat seinen Ursprung im absoluten Geist, der Geist aber hat seinen Grund und Ursprung im absoluten Einen.

Jeder dieser Akte besteht in einem Überschreiten von Grenzen zwischen Seinsordnungen, Entelechien oder Hypostasen, die wir jeweils als Abstraktion oder Konkretion bestimmen. Aus je dieser oder jener Position oder Sicht erscheinen sie uns als Schritte in die Transzendenz bzw. Immanenz einer jener Ebenen. In jedem Falle aber bestehen sie im Überschreiten eines Abgrundes, sei es jener zwischen Leib und Seele, feinstofflicher und grobstofflicher Welt – erfahren als Geburt oder Tod bzw. Tod und Auferstehung –, zwischen Geschaffenem und Ungeschaffenem, das ist dem Abyssum der Seiendheit, das begrenztes Seiendes in seinen ursprünglichen absoluten Seinsgrund aufhebt, und „Noch-Nicht-Manifestes" aus seinem rein ideellen Sein in die relative Seiendheit der manifesten Existenz führt.

In jedem Falle und jeder Hinsicht ist es der Logos, der diese Übergänge ermöglicht und hervorbringt und die Bewegungen zwischen Transzendenz und Immanenz der verschiedenen Seinsebenen bewirkt. Es ist der Logos, der die Vielheit des Ideenkosmos aus dem Einen und die Mannigfaltigkeit der geschaffenen Wesen, Dinge und Welten aus der differenzierten Einheit des Geistes hervorbringt und auch wieder in ihren Ursprung auf der jeweils oberen Stufe zurückführt.

Sowohl Schöpfung als auch Geburt sind Akte des Abstieges, in denen Nicht-Seiendes zum Sein bzw. ein ungeborenes Wort „Fleisch" wird. Schöpfung beruht in der Entzweiung und Polarisierung ungeteilter Einheiten in polarisierte Ganzheiten, das ist der Konkretion von Ideen, Prinzipien und Universalien in Form manifester Wesen und Dinge. „Licht", das im absoluten Geiste als reine ungeschaffene Idee noch ein ewiges, unendliches und absolut bestimmtes Sein und Wesen hat, bricht aus jenem unsichtbaren Grund als relatives Licht hervor, das in Myriaden Abstufungen zwischen Finsternis und strahlender Helligkeit in Erscheinung tritt und hinsichtlich jener Abstufungen und Intensität nach oben hin keine Grenze hat.

Jedes Wesen und jedes Gewordene, wie auch jedes mögliche Akzidens und jede Eigenschaft ist das unvollkomme Abbild seines vollkommenen Urbildes, das aufgrund eines Aktes der Selbsteinschränkung und Polarisierung des unendlichen unteilbaren transzendenten Urbildes aus jenem hervorgegangen nun als mannigfaltiges Seiendes in Raum und Zeit in Erscheinung tritt. Diesem Schöpfungsakt, der zugleich Abstieg, Konkretion, Selbsteinschränkung, Polarisation und Relativierung ist, steht der der Erkenntnis als Aufstieg, Abstraktion, Transzendenz, Synthese und der Aufhebung aller Relativität im Absoluten gegenüber. Letzterer ist gleichsam eine Umkehrung des ersteren. Beide aber haben ihre Ursache und ihren Vollzug im ewig sich selbst erhaltenden und unerschöpflichen Willen und Wirken des Logos, dessen Prinzip es ist, zwischen Sein und Nicht-Sein auf- und abzusteigen, und alle Wesen, Dinge und Welten mit ihren transzendenten Urbildern im Kosmos der Ideen zu verbinden.

Der Logos bringt hervor, belebt, erhält und führt oder hebt das, was er hervorgebracht hat, wieder zurück in seinen transzendenten Ursprung ohne daß hierbei Genus und Individualität des betreffenden Geschaffenen verloren gehen. Beide, Genus und Individualität, werden in der Selbstüberwindung der Vielfalt all der zufälligen Erscheinungsformen jenes Dinges in der transzendentalen Einheit seiner Idee in dieser überstiegen und aufgehoben. Was vergänglich und wesenlos in ihm ist, wird abgestreift, das Wesen aber wird erhöht und in seinem oberen Grund und Ursprung aufgehoben. Beide, Schöpfungsakt und Selbsttranszendenz, Konkretion und Abstraktion, Abstieg des Werdens und Aufstieg des Erkennens sind Grundakte des Logos. Am Horizont zwischen Sein und Seiendem, Ungeschaffenem und Geschaffenem, Unvergänglichem und Vergänglichem stehend bildet er gleichermaßen das Nadelöhr durch das Werden und Vergehen, Schöpfung und Aufhebung sich vollziehen. Jenes ist gleichsam der Geburtskanal der geschaffenen Dinge, durch die sie aus dem Nicht-Sein ins Sein, und aus diesem wiederum in ein überseiendes Sein bzw. Nicht-Sein zurückkehren.

So ist auch der Prozeß der Menschwerdung ein Akt des Ab- und Aufstieges zwischen Ewigkeit und Zeit. Aus dem ungeschaffenen Sein kommend, nehmen wir Form und Namen, d. s. Individualität und allerlei Eigenschaften an, um, das lebendige Abbild unseres transzendenten Urbildes in Gott inbildlich in uns tragend, jenes samt der ihm eignenden göttlichen Vollkommenheiten zur Verwirklichung zu bringen und damit unsere Rückkehr in den Ursprung, aus dem wir gekommen sind, einzuleiten. All das ist Nachvollzug der Tätigkeit und des Wirkens des Logos, der sowohl der Grund des Hervorgangs dieser Welt, als auch ihrer Rückkehr in Gott ist, und der in unserem innermenschlichen Da-Sein von der deutschen Mystik als Gottgeburt in unserer Seele bezeichnet wurde. In dieser Rückkehr hören weder Welt noch Mensch auf zu sein, vielmehr wird ihre Existenz hinsichtlich ihrer Seiendheit aufsteigend im absoluten Sein erhöht, d. i. auf eine höhere Stufe der Seinsvollkommenheit empor gehoben, zugleich hinsichtlich ihrer vergänglichen Akzidenzien jedoch im Nicht-Sein ausgelöscht. Damit sind Tod (der Persona) und Auferstehung (der Individualität im Lichte des absoluten Geistes) in einem einzigen Akt umfaßt. In diesem dialektischen Akt der Großen Verwandlung, die Auslöschung und Vollendung in einem umfaßt, wird die transparent gewordene Individualität als Abbild ihres überseienden Urbildes in deren Licht verklärt und so zur Parusie[1] ihrer überirdischen Herrlichkeit geführt.

---

[1] Griechisch: Παρουσια – Gegenwart, Anwesendheit, Ankunft, Wiederkunft [Christi], von: παρα – daneben, dabei und ουσια – Da-

Wie es heißt: "Kadosh, kadosh, kadosh, eth Jhwh Zebaot; Kol-Ha-aretz kevodo" – "Heilig, heilig, heilig, ist der „Allseiende" der Heerscharen; Seine Herrlichkeit (Kavod) erfüllt Himmel und Erde."

Das ist der Weg aller geschaffenen Wesen und Dinge, daß sie aufgrund ihrer unaufhebbaren Teilhabe (μεθεξις) an den ewigen Ideen in mysteriöser Weise und proportionalem Maße deren Herrlichkeit widerspiegeln, welche aber in ihrer Vollendung erst infolge ihrer Rückkehr und ihres Aufstiegs zum Ursprung in der Verähnlichung mit jenen zum vollen Durchbruch, eben der Parusie, kommt. Hat der aufstrebende Mensch seine Identifikation mit den vergänglichen Aspekten seiner Kreatürlichkeit samt all ihren Attributen in seinem Bewußtsein überwunden, so erlangt sein Kern, das sind Geist und Seele, seine Seinsvollendung. Wie es heißt: „Wenn das Licht aufgeht, verschwindet die Finsternis" bzw. „Wenn die Sonne aufgeht, wo bleibt die Nacht? Wenn die Freude der Güte kommt, wo bleibt die Trübsal?" (Jelal'uddin Rumi)

Das oberste und ursprünglichste Gleichnis bzw. Urbild jener Prozesse von Konkretion und Abstraktion, Ab- und Aufstieg erkennen wir in der reziproken Beziehung und Dynamik zwischen Hen und Nous, dem Einem und dem Geist. Wie der Geist unzeitlich, aber doch ursächlich aus dem Einen durch gleichzeitigen Rückbezug auf jenes hervorgeht und in dieser seiner Rückbezüglichkeit seinen Seins- und Bestimmungsgrund hat, so sind alle unteren Vorgänge ihrem Prinzip nach Abbildungen jener allerhöchsten Wechselbeziehung zwischen dem Einem und dem Sein. Und wie der Geist sich im Hinblicken auf das Eine, das sein Wesen und seine Seinsbedingung bildet, mit dessen Anblicken erfüllt und darin die Fülle der Ideen von jenem empfängt und zugleich in sich hervorbringt, so ist auch jeder Schöpfungsakt nach diesem Urakt konstituiert.

Während der Hervorgang des Geistes (bzw. des Seins) aus dem Einen, ein Vorgang ist, in dem das unteilbare, ununterschiedene und absolute Einssein des Einen, durch Differenzierung und Multiplikati-

---

sein, Wesenheit. Plato bezeichnet damit die Anwesenheit bzw. Gegenwart und auch das Wirksamsein der Ideen in den Dingen.

on jener ihrer unteilbaren Einheit in die Vielheit des Ideenkosmos hervorgeht, ist jeder kosmische Schöpfungsakt ein Akt der Differenzierung und Polarisierung der ewig unteilbaren und unveränderlichen Ideenmonaden. Was dort ununterschieden und einfach ist, ist hier unterschieden und mannigfaltig. Dieser Übergang von der absoluten Einheit und Einfachheit des Einen in die geeinte Vielfalt des Geistes ist das oberste Urbild aller Konkretion und Zeugung in den unteren Seinsbereichen. Und dieser duale und synchrone Vorgang von Hervorgang und Rückbezug des Geistes auf des Eine ist das Urprinzip und Wesen, das die Natur des Logos ausmacht. Der Logos ist somit jenes Prinzip und jene Kraft, welche den Übergang und die Verwandlung von Einheit in Vielfalt bzw. von Unbestimmtheit in Bestimmtheit – und wieder zurück – bewirkt und konstituiert. Jener Vorgang aber wird definitorisch als dialektisch bezeichnet. *Damit können wir sagen, daß die Dialektik das umfassende Wirk- und Wandlungsgesetz des Logos ist.* In anderen Worten: *Der Logos wirkt nach dem Gesetz der Dialektik, diese ist sein Gesetz und sein Prinzip.*

Fassen wir das Bekannte zusammen, so besteht gerade darin die Dialektik des Wirkens des Logos, daß er aus Einem Vieles und aus dem Vielen Eines macht. Die Dialektik ist also das Prinzip des Logos, vermittels welchem Er – nach dem Gesetz der Selbsteinschränkung, Polarisation und Differenzierung (specificatio et diversificatio) die Einheit eines (in ihm potentiell und notwendig, weil wesenhaft enthaltenen) unteilbaren Ganzen, unbestimmte unendliche Vielfalt in eine endliche und bestimmte (Vielfalt) überführt, um sodann wieder das bestimmte Viele in einem Akt der Selbsttranszendenz oder Autosynthesis in die ursprüngliche Einheit zurückzuheben. Letzteres ist das bekannte „principium coincidentia oppositorum", zu deutsch: Prinzip des transzendentalen Zusammenfalls der Gegensätze oder schlicht der Koinzidenz aller Gegensätze in ihrem transzendenten Ursprung. So wie die Gegensätze in einem Akt der Entzweiung oder Polarisierung der Einheit eines unteilbaren Ganzen „geschaffen werden", also gleichzeitig die beiden Pole von Selbstaffirmation *und* Verneinung, von Thesis *und* Anti-Thesis gesetzt werden, so wird die Polarität oder Widersprüchlichkeit der beiden in der Synthese der

Selbsttranszendenz wieder überwunden und in der ursprünglichen Einheit ihres gemeinsamen Urbilds aufgehoben.

Am Beispiel des Lichtes (siehe: 2. 4. 3 Geist und Begriff) bedeutet das, daß die im absoluten Geiste bestehende ununterschiedene Idee des ungeschaffenen Lichtes, in ihrer Manifestation in die Zweiheit von Licht und Finsternis als polarer Phänomene zerfällt, die wir als *gleichzeitige* Affirmation *und* Negation im Durchbruch und in der Selbstbehauptung seiner Existenz ansehen können. Das geschaffene oder phänomenale Licht offenbart sich je nach Stärke (Intensität = Maß der Teilhabe bzw. Anwesenheit) als ein Mittleres zwischen „absolutem Licht" und völliger Finsternis, also gleichsam als Mischung von beiden. Und was wir hier über das Licht beispielhaft sagen, gilt in allgemeiner Form für alle geschaffenen Wesen und Dinge, Akzidenzien und Qualitäten.

Daraus folgt, daß jedes geschaffene Ding gerade durch und in der ihm inhärenten Gegensätzlichkeit seine Existenz hat. Existenz selbst *ist* Antinomie. Denn das geschaffene Seiende ist per principium nicht ohne oder außerhalb der Negation, sondern gerade eben durch das dem Sein entgegenstehende Nicht-Sein (in ihm) als dessen existentielle und dynamische Bestimmung zu begreifen. Die Entgegensetzung des Nicht-Seins zum Sein in ihm macht es erst zu einem existentiellen Seienden, einen „Gegenstand".

Der Abstieg einer transzendentalen Idee und ihr Durchbruch in die zeitliche Existenz konstituiert sich also gerade in und durch den Kontrast von Selbstbejahung und Selbstverneinung, welcher gleichzeitig jenen inneren Konflikt bewirkt, den wir subjektiv als „Freud und Leid an unserem Sein" erfahren, und den Heidegger als ein Empfinden von „Geworfenheit" ins Sein ansprach.

Damit offenbaren sich individuelles Da-Sein und Leben schon von Natur aus widersprüchlich, indem der Wille zum Sein mit der Sehnsucht nach Selbstaufhebung im transzendenten Ursprung immerdar im Widerstreit liegen. Dem Willen zum Sein steht ein untergründiger Impuls der Selbstverneinung gegenüber, der sich im Individuum sowohl als Todestrieb als auch als Wille zur Selbstüberwindung kundzutun vermag. Letztere Form ist es, die unserer wahren Natur und dem eigentlichen Sinn unseres Da-Seins entspricht und sich im Verlangen nach mystischer Einung mit Gott bzw. dem Antrieb asketischer Abgeschiedenheit und Selbstüberwindung ausdrückt. Jesus hat dieses Prinzip in die Form verschiedener Imperative oder Maxime gekleidet: „Wer das ewige Leben sucht, der verleugne sich selbst ... und folge Mir – dem Logos – nach." „Wer an seinem Leben hängt, der wird es verlieren, wer sein Leben aber läßt um Meinetwillen, der wird's wieder finden." „Wer sich selbst (d. h. seine kreatürliche Existenz) erhebt, der wird erniedrigt, wer sich aber selbst erniedrigt, der wird erhöht werden." Oder wie Paulus sagt: „Ich bin mit Jesus am Kreuz (der Welt) gestorben und in Christus auferstanden." „Nicht ich bin es der tut, sondern Christus in mir." Der äußere Mensch wird vom inneren verschlungen. Was bleibt ist das (für das Ich Bin) transparent gewordene Ich.

Mit einem Wort: Alles Da-Seiende ist durch den es ermöglichenden Gegensatz der in ihm widerstreitenden Pole zugleich auch einem existentiellen Widerspruch anheim gegeben, der letztlich die Triebfeder aller Evolution und Selbstüberwindung bildet. Die in dem betreffenden Ding oder Wesen anwesende (μεθεξις) und ihr Da-Sein konstituierende Idee bildet zugleich auch jene Kraft, die die individuelle Erscheinung bzw. das individuelle Leben nicht nur unauflöslich an den Ursprung rückbindet, sondern sie bzw. es darüber hinaus auch in ihn zurück- bzw. emporzieht.

In jedem Falle offenbart sich die in und mit der Manifestation gesetzte Polarität nun nicht nur als virtuelles, qualitatives Gegensatzpaar, etwa in den virtuellen Polen von „kalt" und „warm" oder „Licht" und „Finsternis" – virtuell, weil beide (als absolute Pole gedacht) keine faktischen Realitäten, sondern nur den begrifflichen Rahmen unserer Anschauung bilden –, sondern aufgrund des Gesetzes der Selbsteinschränkung des unendlichen Prinzips in der Konkretion als Phänomen auf einer unendlichen Skala zwischen „Hell" und „Dunkel". Das Phänomen des geschaffenen Lichtes realisiert gemäß dem Maß der Macht der in ihm wirksam gewordenen Idee, einen bestimmten Wert auf der Intensitäts- oder Helligkeits-Skala, die theoretisch durch den gesamten Raum von 0 (Finsternis = totaler Mangel von Licht) bis ∞ aufgespannt wird.

Die Idee, die durch die (ihr innewohnende) Kraft des Logos zur Manifestation drängt, erfährt gleichsam eine innere Bewegung oder Konzentration an Kraft, die – wie der Sohar es poetisch ausdrückt – „nicht weiß, nicht schwarz, ... und von keinerlei Farbe überhaupt; ... Maß und Ausdehnung [annimmt], ..., [bis] im Innersten ein Quell entsprang, aus dem Farben auf alles Untere sich ergossen. ... Der Quell durchbrach und durchbrach doch nicht (den ihn umgebenden Äther), ... bis infolge der Wucht seines Durchbruchs ein verborgener höchster Punkt aufleuchtete. ... das erste Schöpfungswort." (Sohar, Megilla 21b) Die Idee, das ungeschaffene Ding-an-sich, ruft sich gleichsam selbst ins Sein, wobei die ihr zum Durchbruch verhelfende Kraft von einer gleich starken Gegenkraft, die sie kontrastiert, aufgewogen wird. Erreicht der „Schicksalsweg" des betreffenden Gegenstandes oder Wesens den „fernsten Punkt" seiner aus der Kraft des Durchbruches bestimmten Bahn, so beginnt die Kraft der Selbstaufhebung jene der Selbstbehauptung zu übersteigen, so daß es seine Rückkehr in den Ursprung antritt. Polarisierung und Realisation sind hierbei unmittelbare Folgen der Selbstbeschränkung des unendlichen Prinzips der Idee in die konkrete Form ihrer Manifestation.

Suchen wir umgekehrt das Wesen des transzendenten Lichtes aus seiner empirischen Erscheinungsform zu ergründen, so müssen wir in der Zusammenschau von Thesis und Antithesis zu Synthesis und Aufhebung ihres Gegensatzes in deren transzendenten Ursprung aufsteigen. Es gilt: „Ein jedes Ding ist allein aus jenem Grund wesenhaft erkennbar, aus dem es hervorgegangen ist. Zu seinem Grund aufsteigend finden wir zugleich seinen Ursprung und sein Wesen."

Erkennen wir die Finsternis als Mangel oder Abwesenheit von Licht, so wird uns im Nicht-Sein der Finsternis das Sein des Lichtes als transzendentes Wesen von Licht überhaupt erkenntlich. Das Lichtsein des Lichtes hat seinen Grund und seine unzerstörbare Stütze in der ideellen Form des ungeschaffenen Lichtes im Reiche des reinen Geistes, während die Finsternis – als dessen Verneinung – ihren Grund ebenfalls in jenem gleichen unteilbaren und ununterschiedlichen Lichte hat, das zwar gleichfalls deren Grund, nicht aber ihre Stütze ist. In der Tat hat das Licht in der Idee seine Stütze, die Finsternis als deren Verneinung jedoch nicht; denn Stütze hat, was ein Urbild hat im Sein. Oder in expliziten Worten: eine Erscheinung hat dann eine Stütze im ewigen Geiste, wenn sie ein Urbild in ihm hat, und dann ist das Sein dieses Urbildes ihre Stütze; hat eine Erscheinung aber kein Urbild im Kosmos der Ideen, so hat sie auch keine Stütze. Wir sagen dann, daß sie kein Sein in sich hat. Vielmehr hat die Finsternis keine Stütze, denn sie existiert nur als Erscheinung, nicht aber als Idee.

In der Tat gab es (in der Geschichte der Philosophie) manche, die dachten, daß das Wort: ‚Alles habe eine obere Wurzel und ein Urbild in Gott', auch das Böse, das Häßliche und das Unwahre mit in sich einschlösse. Doch welche Verblendung! Weder haben diese Dinge Sein, noch haben sie ein Urbild in Gott, denn allein die seienden Dinge haben Urbilder in Gott und durch sie Bestand. Dementsprechend ist auch die Finsternis, als Abwesenheit von Licht, nur dessen dialektische Antithesis, die in der Manifestation des Lichtes gleichzeitig mit seiner Setzung hervorkommt.

Alle Erscheinung ist somit Projektion unendlicher Ideen auf den Bildschirm von Raum und Zeit. Was im überräumlichen und überzeitlichen Geist unendliche und undifferenzierte Einheit ist, wird als Projektion in Polarität und Vielheit zergliedert. Wie in der Eins alle Zahlen enthalten sind, so sind im Sein alle seienden Dinge in unseiender Weise – d.h. rein ideell und ohne manifeste Substanz – umfaßt. Wie es heißt:

„Die Rose, die hier dein äußres Auge sieht,
Die hat von Ewigkeit in Gott geblüht."
(Cherubinischer Wandersmann)

Darin besteht gerade die dialektische Selbsteinschränkung unendlicher Ideen, daß sich ihre Einfachheit und Einheit im Akt der Projektion als differenzierte Vielfalt in Raum und Zeit darstellt. Dieser Vorgang ist das Wirken des Logos, der als das Inkrafttreten des Gesetzes der Dialektik anzusehen ist.

Wollen wir ein Gleichnis für diesen Prozeß finden, so können wir das Sein entweder im Bild des Punkt oder der unbegrenzten Weite des unendlichen (euklidischen) Raumes veranschaulicht denken. Beide, Punkt und unendlicher Raum, sind Bilder des Unendlichen, einmal im Kleinen das andere Mal im Großen. Sie stehen in einem umgekehrten Verhältnis zueinander. Wählen wir als erstes das Modell des Punktes, so repräsentiert sich der Schöpfungsakt folgendermaßen:

. & O
(Punkt und Raum)

Wie die Strahlen einer punktförmigen Lichtquelle sich in alle Richtungen ausbreiten und den ganzen Raum um sie erhellen und je nach den etwaig um sie versammelten Objekten allerlei Schattenbilder werfen, so ist der Hervorgang der raum-zeitlichen Dinge aus dem überzeitlichen Sein in analoger Weise als Expansion dimensionsloser Ideen in dimensionierte Dinge zu verstehen. Was im Sein verborgen ist, wird im Raume offenbar. Was in ihm unendlich klein ist, gewinnt im Raum Maß und Zahl.

„Ich selbst muß Sonne sein: ich muß mit meinen Strahlen,
Das farbenlose Meer der ganzen Gottheit malen."
(Silesius)

Gehen wir umgekehrt vom unendlichen Raume als Modell des Allseins aus, so müssen wir den Schöpfungsakt als Akt der Begrenzung oder Selbsteinschränkung unendlicher Gegenstände in endliche denken. Was dort unendlich (ausgedehnt) ist, ist hier endlich und begrenzt. Das Unbegrenzte wird in seiner Begrenzung Form.

In diesem Sinne kann uns die Geometrie als Bezugsrahmen der Veranschaulichung unanschaulicher Gegenstände und Vorgänge werden, worin Punkt und unendlicher Raum die beiden Grenzen darstellen, gegen welche die endlichen Formen und Gegenstände konvergieren. Dort konvergieren und koinzidieren alle Gegensätze: Was im endlichen Raume als Quadrat, Dreieck oder Kreis erscheint, koinzidiert in der Unendlichkeit unterschiedslos im Punkt bzw. im unendlichen unbegrenzten Raum.

Aus der Anschaulichkeit der Geometrie können wir im Modell der Projektion die Prinzipien und Gesetze des Schöpfungsaktes bzw. der Dialektik ableiten.

Diese sind:

- Ausdehnung bzw. Selbsteinschränkung, das ist Übergang von Unmeßbarem (Kleinem oder Großem) in Meßbares, also eine kategoriale Herabminderung eines höheren Prinzips auf ein geringeres Maß;

- Bestimmung eines Unbestimmten, das ist Übergang von Ununterschiedenem in Unterschiedenes, das heißt auch Konkretion eines unununterschiedenen Eidos (die dimensionslose Idee) in Gestalt einer bestimmten Form ($\mu o \rho \varphi \eta$);

und:

- unterscheidende Auseinanderlegung ununterscheidbarer Einheiten;

Aus naturwissenschaftlicher Sicht und Diktion können wir den Schöpfungsvorgang als Prozeß der Quantifizierung qualitativer Entitäten bezeichnen. Was in der Transzendenz, das heißt im Raume vor aller physikalischen Zeit, als reine Qualität vorliegt, erscheint in Raum und Zeit nach den Kategorien von Zahl, Form, Maß, was in den Worten der Schrift: als „Gewicht, Zahl und Maß" angesprochen wird. Das ist ja auch die Nomenklatur in der sich das „Big-Bang-Modell" der Weltentstehung präsentiert.

Betrachten wir das Seiende nun nicht einfach als wäg-, zähl- und messbare Ganzheit, sondern als nach den Maßen (oder Ausprägungen) seiner verschiedenen Akzidenzien differenziert, so daß es sich uns als Komplex diverser Eigenschaften darstellt, denen je ein spezifisches Maß ihrer Ausprägung zukommt, so können wir es durch die Reihe dieser Maßzahlen in einem wohldefinierten (numerischen) Repräsentationsraum symbolisch abbilden.

Wir haben dann dreierlei Begriffsebenen: 1) das unmanifestierte Urbild, 2) die manifestierte Erscheinung und 3) die quantitative Darstellung dieser Erscheinung; In diesen Begriffen fällt es uns noch einmal leichter, die dialektische Beziehung zwischen Urbild und Abbild bzw. Idee und Akzidenz zu bestimmen. Denn das Akzidens, das in der quantitativen dimensionierten Darstellung als dimensionierte Zahl (also als Maß) erscheint, ist – nach oben Gesagtem – als Projektion unendlicher Qualitäten (Ideen) in jenen Repräsentationsraum interpretierbar.

Die Dimensionen des betreffenden Repräsentationsraumes entsprechen hierbei den Spektren der Maßzahlen der möglichen Ausprägungen der einzelnen Attribute (Akzidenzien), die jenem Seienden zukommen, welche ihrerseits üblicherweise als Skalen bezeichnet werden. Die Dimensionen eines Repräsentationsraumes sind es also schon, die die spezifische Art oder Kategorie, der das jeweilige Seiende angehört, bestimmen, während die einzelnen Maßzahlen als konkrete Realisationen der einzelnen Ideen in den jeweiligen Ausprägungen der entsprechenden Attribute jenes betrachteten Seienden aufzufassen sind, die jenes im Prozeß dessen Hervorgangs angenommen hat.

Jedes Maß und jede Skala bildet als dimensionierte Zahl einen polarischen, komparativen Begriff. Die Qualität, die in sich als einfach und unteilbar gedacht werden muß, erscheint nun als quantifizierte Größe notwendig unter dem Begriff der Polarität und des Gegensatzes (von größer und kleiner). Diese Polarität spiegelt aber, wie wir oben gesehen haben, das dialektische Widerspiel von Thesis und Antithesis im Akt der Manifestation einer Idee als Attribut, d. i. als Spannungsfeld von Selbstbehauptung und Selbstverneinung jener Idee in dem betreffenden manifestierten Seienden.

Die jeweilige Maßzahl, die nun die konkreten Ausprägungenen je eines Attributes angibt und stets endlich ist, ist sodann wiederum als endliche Projektionen aus einem unendlichen Ursprung begreifbar. Jedes Maß teilt aber die Skala in zwei Teile, eine Ober- und eine Untermenge. Diese beiden komplementären Mengen sind aber wiederum als Abbildung jenes Mischungsverhältnisses zwischen Affirmation und Negation der im betreffenden Attribut anwesenden und sich in ihm manifestierenden Ideen anzusehen, welches dessen konkrete Ausprägung konstituiert.

Damit haben wir sämtliche Prinzipien, die ein dialektisches Verständnis der Natur des kosmischen Schöpfungsaktes voraussetzt, benannt. Ihrem Prinzip nach sind aber Kosmogonie (das ist der Hervorgang der geschaffenen Dinge aus dem Kosmos der Ideen) und der Hervorgang des Geistes aus dem Einen (spezifiziert als Hervorgang des Kosmos der Ideen aus dem Einen) homologe Prozesse. Was im Schöpfungsakt *kosmisch begründet* ist, ist im Hervorgang des Ideenkosmos *dialektisch notwendig*. In anderen Worten: Der Hervorgang des Ideenkosmos aus dem absoluten Einen, der den Begriff der Dialektik erst konstituiert, bildet den Grund und das Urbild der Dialektik des Schöpfungsaktes und der Evolution. Was im Geiste in eingefalteter Weise angelegt ist, kommt durch den Schöpfungsakt zur Ausfaltung in Raum und Zeit.

Das *ontologische* Prinzip bzw. die Kraft, die diesen Akt bedingt, ist aber der Logos, der seine oberste Wurzel im Einen selbst hat. Er ist es, der Involution und Evolution, Werden und Entwerden, Abstieg und Aufstieg in Zeit und Welt bedingt. Er ist der Urheber und Beweger, Lebensspender und Vollender in All und Allem.

2. 5. 1 Zur formalen Struktur der Dialektik und ihrer Verwirklichung im Logos

Wir erkennen: Die Dialektik beschreibt die Natur der Beziehung zwischen den Hypostasen. Sie bestimmt den Hervorgang eines gegliederten Geringeren aus einem einfacheren Höheren sowie dessen Rückkehr in seinen oberen Ursprung. Was sich im Oberen als undifferenzierte Einheit konstituiert, steigt als differenzierte Vielheit herab auf die darunter liegende Ebene, um – im Vollzug eines Aktes des Bewußtseins – in der Koinzidenz ihrer konstitutiven Gegensätze wieder auf die Ebene ihres Ursprungs aufzusteigen.

Der dialektische Prozeß gliedert sich somit als Dreischritt. Dieser besteht in:

διηαιρεσις	Auseinanderlegung,
αναιρεσις	Zusammenschau und
αναγωγη	Aufhebung

Das dynamische Prinzip, durch das der dialektische Prozeß sich vollzieht, ist der Logos. Andersherum können wir sagen: Die Dialektik ist sowohl das Gesetz der reinen Begriffe als auch das des Logos.

Der Logos ist die Synthesis von Einheit und Vielheit, Ruhe und Bewegung; Mithin ist er das Prinzip der Dialektik. Substantiell ist er Geist, entelechial ist er Kraft und als logisches Prinzip das der Dialektik.

Er ist das Prinzip des Ab- und Aufstiegs zwischen dem Einen und dem Geist, wie auch zwischen dem transzendentalen Geist (Sein) und der Immanenz der Welt; Auf kosmischer Ebene offenbart er sich als Abstieg von einem transzendentalen (oberen) Prinzip in die Immanenz seiner Manifestation als konkretisiertes Akzidens oder Objekt, als Thesis vor dem Hintergrund der zugleich gesetzten Antithesis, von Proposition und Kontraposition bis hin zum schärfsten Gegensatz, dem unversöhnlichen Widerspruch der Dualität hin.

Die Manifestation eines Akzidens oder Objekts entspricht dialektisch *der Setzung einer Thesis aufgrund der Rezeption (oder Schau) einer Idee, die der Geist in sich selbst schaut. Der Logos hebt sie gleichermaßen aus der Verborgenheit im reinen Geiste in die Zeit.* Und wie die Setzung eines manifesten Akzidens, d. h. eines begrenzten Maßes jenes Akzidens, zugleich ein komplementäres Restmaß mit impliziert (Unter- und Obermenge), so impliziert die Thesis zugleich mit ihrer Setzung auch die in ihr mitenthaltene Antithesis.

Die Thesis, die nach Überwindung der ihr entgegenstehenden Antithesis strebt, führt *an ihr* zur Selbstüberwindung und in der Synthesis *mit ihr* zur Koinzidenz in der Transzendenz.

Dies führt zum Aufstieg vom manifesten, artikulierten, ideierten Phänomen oder Ereignis in die erhabenen Gefilde des Atomon Eidos, des unteilbaren Urbildes in Gott. Dadurch wird die Sache, der Begriff oder das Phänomen erhöht zum reinen Prinzip selbst, wo es in vollendeter Vollkommenheit als es selbst aus sich selbst leuchtet.

Wir steigen hinab von der Welt der Monaden in die der Dyaden und Oppositionen, um das in der thetischen Proposition gesetzte verborgene Prinzip vor dem Gegensatz seiner eigenen Verneinung, das jeder relativen Existenz oder Entität zugrunde liegt, in seinem wahren Licht leuchten zu sehen und erkennen zu können.

Abstieg, Manifestation, Konkretion und Individuation beinhalten immer notwendig Polarisation in Form von gleichzeitiger Affirmation und Negation, wobei durch die Negation das in der affirmativen Manifestation oder begrifflichen Setzung verborgene Licht, das die Wurzel oder Idee jener Sache oder Manifestation selbst ist, erst zur Geltung und Sichtbarkeit bringt und emporhebt.

Das ist auch der ganze Sinn der Schöpfung, daß Gott – indem Er sich (durch die Annahme der Attribute dieser Welt) verhüllt – zugleich selbst (in ihr und durch sie hindurch) offenbart. Er kann Seine verborgene (transzendentale) Natur nur dadurch offenbaren, daß Er sie (durch Annahme von Maß und Grenze, Gewicht und Zahl) zugleich verhüllt. Er vermag die Totalität und Vollkommenheit der Ihm innewohnenden Ideenfülle nur als graduelle Minderungen zu offenbaren, nicht aber als das, was sie in Wahrheit sind, nämlich ewig unteilbare, unendliche Werte und Seinsformen. Jeder Aspekt, den Er enthüllt, ist zugleich eine Verhüllung Seiner transzendentalen Vollkommenheit.

Deshalb sind Schöpfung, Manifestation und Offenbarung stets Akte der Selbsteinschränkung (unendlicher) absoluter göttlicher Vollkommenheit in begrenzte Form. Form aber setzt Unterschiedlichkeit und diese ihrerseits Polarität und Gegensatz voraus. Form (Morphe) und Qualität, Singularität und Ganzheit sind immer an die Sphäre von Gegensätzlichkeit und Vielfalt gebunden, welche die Urbilder (Monaden) von jenseits aller Gegensätzlichkeit vermittels der Kraft des Logos hervorbringen.

Darum sagte Cusanus: Die Welt ist eine Auseinanderlegung (explicatio) (διαιρεσις) monistischer Ideen (ειδη) in gegensätzliche, kontrastierende endliche Eigenschaften, Formen, Qualitäten, Entitäten, Phänomene und Begriffe. Das ist das dialektische Prinzip des Logos.

Der Weg der noetischen Erkenntnis ist nun gleichsam die dialektische Umkehrung des schöpferischen Aktes des Logos; Er ist zugleich Umkehrung und Nachvollzug des Schöpfungsaktes gemäß seiner ihm wesensgemäßen, eigengesetzlichen Dialektik, die sich im Ab- und Aufstieg des Logos in der Kette der ihm innewohnenden und in seinem Akt wirksam werdenden Prinzipien vollzieht.

Durch noetische Schau erschließen wir uns zuerst die Natur und die Zusammenhänge der Welt der Ideen, durch die dialektische Analyse aber erst ihre Beziehung zur empirischen Welt und unserem Verstand, der ja nur über Begriffe der Anschauung und der sinnlichen Wahrnehmung verfügt. Das rechte dialektische Verständnis erst erlaubt die bewußte Rückbindung unseres irdischen Lebens an die Welt des reinen Geistes und die Integration der aus höherer Schau stammenden Erkenntnis in unser tägliches Leben.

„Die Vernunft (νοησις) dringt bis zum voraussetzungslosen Urbeginn von allem, um es anzurühren und dann wieder ... herabzusteigen. Dabei nimmt sie überhaupt nichts sinnlich Wahrnehmbares zu Hilfe, sondern nur die Ideen selbst, schreitet so von Idee zu Idee und endet auch wieder bei Ideen." (Plato) Das bedeutet auch: *Ein jedes Ding ist allein aus jenem Grund wesenhaft erkennbar, aus dem es hervorgegangen ist. In seinen Grund aufsteigend finden wir in ihm zugleich seinen Ursprung und sein Wesen!*

Alle Emanation und Manifestation ist *Transposition* und *Herabminderung* von Ideen und Prinzipien aus dem Reich des ewig Seienden in das des Werdens und der Zeitlichkeit. Was oben (im Nous) absolut, vollkommen und ohne Anfang ist, das ist herabgemindert und transponiert ins Reich des Veränderlichen und der Welt relativ, mangelhaft und in der Zeit geworden.

„Gott [der Logos] ist also die Wirk-, Form- und Zweckursache von allem, die alles noch so sehr unter sich Verschiedene bewirkt. Es gibt kein Geschöpf, das nicht auf Grund der Einschränkung gemindert wäre und in unendlichem Abstand zum göttlichen Werk selbst stünde. Nur Gott ist absolut, alles andere ist eingeschränkt." (De docta ignorantia)

„... weil es sich so verhält, daß Gott unbedingtes Möglichsein, Wirklichsein und beider Verknüpfung und daher alles mögliche Sein wirklich ist, so ist offenkundig, daß er in zusammenfaltender Weise alles ist. Alles nämlich, was in welcher Weise auch immer ist oder sein kann, ist in ihm, dem Ursprung, eingefaltet; und was immer erschaffen ist oder erschaffen werden wird, wird von ihm her ausgefaltet, in dem es eingefalteterweise ist." (Dialogus de Possest)

„Gott ist die Einfaltung von allem insofern, als alles in Ihm ist; Er ist die Ausfaltung von allem insofern, als Er in allem ist." ⋯ „Gott ist der einzige absolut einfache Seinsgrund des gesamten Universums. ... Alle Belebung, Bewegung und alles Erkennen ist aus ihm, in ihm und durch ihn." (De docta ignorantia)

„Ewigwährend also ist die Kraft, durch die die geschaffene Welt besteht; deshalb unsichtbar, ‚denn was gesehen wird, ist zeitlich'. Und sie ist die aller Kreatur unsichtbare Göttlichkeit selbst." (Possest, 270f)

Das Vollkommene und Ewige sind der Geist und die Ideen, das Unvollkommene und Zeitliche aber sind die geschaffenen Wesen und Dinge, sowie deren Eigenschaften und Attribute. Jede Eigenschaft ist als manifestierte Teilhabe selbst nichts anderes als Minderung einer Idee und als solche eine graduelle Mischung aus Vollkommenheit und Unvollkommenheit, d. i. ein endliches Maß unendlicher Fülle. Was aber Maß, Grad und Gewicht hat, das bewegt sich als relativer Wert auf einer (bipolaren) Skala mit zwei Enden. Das jeweils aktualisierte relative Maß teilt die Skala in zwei komplementäre Abschnitte – eine Unter- und eine Obermenge (vergl. Die Definition der reellen Zahlen als Dedekind'sche Schnitte!) –, die wir ihrerseits mit komplementären Qualitätsbegriffen belegen. Wir nennen jeweils einen Abschnitt "warm", "laut", "leicht" bzw. "Helligkeit", den anderen, komplementären "kalt", "leise", "schwer" bzw. "Finsternis". Die gegenüber den dem Nous einwohnenden vollkommenen Ideen auf die Ebene der immanenten Begrenztheit und Zeitlichkeit herabgeminderten relativen Attribute der geschaffenen Dinge werden nun als relative Maße auf bipolaren Skalen (zwischen "warm" und "kalt", "hell" und "dunkel" etc.) gewogen, gemessen und dargestellt. Was oben absolut, unteilbar und eins (ununterschieden und ganz) ist, ist unten relativ, geteilt und nach Maß und Zahl unterschieden.

Was relativ und graduiert ist, das teilt also Ganzheit und Totalität in zwei komplementäre Räume. Wir sprechen dann von polaren Gegensätzen wie "Licht" und "Finsternis", "Wärme" und "Kälte" und benennen den einen der beiden Räume, der der (durch Teilhabe) in dem bestimmten Attribut aktualisierten Idee entspricht, als positiv, den ihm komplementären dagegen als negativ!

Demnach bilden Teilhabe und Attribut graduelle Darstellungen (Abbildungen) absoluter Werte und Ideen in den Raum der relativen, das heißt der endlichen und meßbaren Werte der manifesten (geschaffenen) Welt. Was oben als ungeteilte und unendliche Idee besteht, bestimmt sich unten per Maß und Komplement als Wert und Unwert. Die Manifestation oder Offenbarung der absoluten Werte und Ideen des Nous in Form von geschaffenen Wesen und Dingen, also einer geschaffenen Welt, setzt eine fundamentale Begrenzung, Minderung und Einschränkung der im Nous enthaltenen und ihn ausmachenden Ideenfülle (=Totalität) voraus. Nur durch Selbsteinschränkung vermag sich das, was an sich unbegrenzt und vollkommen ist, überhaupt in Raum und Zeit und im Gewand von Stofflichkeit zu offenbaren. Stoff ist schon seinem Wesen nach teilhaft und begrenzt und mindert dementsprechend als Medium der Offenbarung auch das zu Offenbarende notwendigerweise herab auf Geteiltes und Begrenztes.

Das Prinzip des Lichtes, das das Wesen des Geistes ausmacht, bildet sich ab in Licht und Finsternis, das Gute (αγαθων) in Gut und Ungut, das Wahre in Wahr und Unwahr, das Sein in Sein und Nicht-Sein. Alles Manifeste ist ein Mittleres zwischen den beiden Polen von Thesis und Antithesis vorausgesetzter Prinzipien. Hierbei bezeichnet der positive (thetische) Aspekt das Maß bzw. den Grad der im manifestierten Attribut (durch Teilhabe) substantiierten Idee, der negative, komplementäre aber das Maß bzw. den Grad des Mangels (bzw. der Privation) an Substanz. Während Licht eine substantielle Entität ist,

ist Finsternis keine eigenständige Entität, sondern nur Mangel an Licht. Während die Manifestation des Lichtes als substantielle Entität *in seiner Idee* – dem ungeschaffenen Licht als Urbild – *eine Stütze in der Transzendenz hat,* entbehrt die Finsternis jeder solchen Stütze. Nur etwas, das eine Stütze im ewigen Geiste hat, hat auch Substanz; ja die Stütze *ist* die Substanz. Die Finsternis, die nun kein Urbild im transzendenten Geiste, also auch keine Stütze in ihm hat, ist deshalb selbst substanzlos.

Das Gleiche gilt für alle Qualia, geometrische Figuren, Werte und Entitäten, das Wahre, Gute und Schöne und alle Ideen überhaupt. Was aber oben absolut vollkommen und eins ist, ist unten in seiner Manifestation in Substanz und Substanzmangel, in Wert und Unwert, Sein und Nicht-Sein geteilte, meßbare Größe, Dyade von thetischer Setzung und antithetischer Negation. Sowohl Manifestation als auch Evolution sind nur aus dem Spannungsfeld zwischen Setzung und Selbstaufhebung, bzw. Selbstbehauptung und Selbstverneinung eines im manifestierten Gegenstand anwesenden und wirksamen Prinzips denkbar. Die alle Manifestation samt der in ihr gründenden Evolution hervorrufenden Prinzipien sind somit die der Projektion, der Expansion oder Selbsteinschränkung, der Polarisierung und Differenzierung, sowie das der schlußendlichen Koinzidenz aller Gegensätzlichkeit in der Transzendenz.

Leitsatz: „Principium limitatis infinitum ed differentialis unum" und „principium coincidentia oppositorum" sind die in den beiden komplementären Akten von Manifestation und Reabsorption des Logos herrschenden Prinzipien. Die im ersten Schritt der Selbsteinschränkung (Zimzum, Zahzahot in der Kabbalah) durch den Logos vollzogene Evakuierung (des intelligiblen Kosmos), dessen Vakuum den Raum für eine mögliche Schöpfung bildet, entspricht einer totalen Privation der Fülle des Seins und der Ideen, auf daß der Logos schließlich in ihn eine (positive) Manifestation bzw. Schöpfung der verborgenen Seinsfülle in jenes Vakuum, das ist in das geschaffene Behältnis von Raum und Zeit, aus sich herausfließen läßt.

Alles, was ist, ist es jeweils durch die dialektische Vermittlung jeweiliger Negativität, die den jeweiligen Seinskontrast vorgibt. Im

Hintergrund steht dabei das große dialektische Schema der Selbstvermittlung des Ich mit dem Ich, das Fichte statisch im Sinne des Satzes der Identität, der Einheit der transzendentalen Selbstapperzeption des Ich verstanden hatte, Hegel aber nun dynamisch als Prozeß der Selbstwerdung eines absoluten Weltprinzips ansieht und als tragenden Grund aller dialektischen Entwicklung vorgibt. Daraus versteht sich das gesamte Sein und Geschehen im Sinne der dreifachen *Aufhebung*: einmal als jeweiliges Beseitigen des Gegensatzes in der Rückkehr ins Selbst, weiter als erinnerndes Aufbewahren des negativen Bestimmungsmoments und schließlich als Hinaufheben auf eine jeweilig höhere Ebene, so daß es schließlich eine höchste Stufe des dialektischen Prozesses gibt, die Erreichung des absoluten Wissens des Absoluten um sich selbst.

Nicht untreffend bemerkt Schelling: „Was zum Handeln treibt, ja zwingt, ist allein der Widerspruch". (WW. I 8, 219). Und nach Hegel (vgl. Plato: Staat 523 ff) ist der „Widerspruch" sowohl dem Denken wie dem Sei[ende]n „wesentlich und notwendig" inne. (Encyklopädia § 48). „Der Widerspruch, der im Begriffe steckt, ist das dialektische, zur Entwicklung treibende Moment [allen] Geschehens." (Rechtsphilosophie S. 40; vgl. auch Heraklit). *Der Widerstreit der Gegensätze in den gewordenen Dingen, die ihnen innewohnende Antinomie der Gegensätze also, ist es, die jede Veränderung und alle Evolution in Zeit und Welt bewirkt. Jener bildet die treibende Kraft* (παρακλετικως *(dem Parakleitikos), von* παρακαλεω – antreiben) *in Natur und Leben.*

Von dem in den Dingen inbildlich anwesenden Urbild hat deren Entwicklung ihre Finalität (ihren τελος), nämlich als Resultat der konkreten Koinzidenz jener Widersprüche in der transzendenten Einheit des Seins (jenes Urbildes). Dort kulminiert ihre Bewegung, dort erlangt das Ding seine Seinsvollkommenheit und dort – am Horizont von Zeit und Ewigkeit – erfährt es die Parusie seines Urbildes. Alles Geschaffene kehrt im großen Kreislauf des Lebens und der Evolution letztendlich wieder in seinen ungeschaffenen Urgrund zurück.

Hervorgang und Rückkehr, Konkretion und Abstraktion, Schöpfung und Evolution sind somit reziproke dialektische Prozesse:

Jedes Etwas ist als allererstes Eines, als zweites erst ein Seiendes und als drittes ein „Dieses" oder „Jenes", ein durch diese oder jene Idee Qualifiziertes. Ist ein solches Seiendes etwas (in Raum und Zeit) Manifestiertes, eine res extensa, so hat es Ausdehnung und Dauer. Dann aber ist es eine Mannigfaltigkeit von sich in eine Mannigfaltigkeit raum-zeitlicher Punkte abbildender (projizierter) qualitativer Koinzidenzen.

Als res cogitans oder reines Eidos ist es jedoch nur eine in einem Begriff koinzidierende Koinonie von Ideen ohne jede räumliche Ausdehnung oder zeitliche Begrenzung.

So wie sich eine Idee durch Einschränkung und Polarisierung (Selbstentzweiung) in einem immanenten Attribut und ein Eidos durch Differenzierung seiner Einheit als Vielfalt einer Entität, eines Begriffs oder einer Erscheinung manifestiert (und in Raum und Zeit in Erscheinung tritt), so wird jede Vielfalt in der Koinzidenz der sie konstituierenden Gegensätze wieder in die Transzendenz ihrer ursprünglichen Einheit, der Idee, des Eidos, zurückgehoben, in der sie als ihrem letzten Grund und Ursprung auf ewig aufgehoben ist.

Die zwei (in den beiden Akten des Logos) reziproken oder komplementären, in Schöpfung und Aufhebung involvierten Prinzipien sind somit die der Differenzierung (Dihairesis) und der Integration (Anairesis, Synthesis oder Koinzidenz).

Sie bilden die beiden elementaren Grundakte des Logos und konstituieren sowohl die prozessualen als auch die operationalen Modi der Dialektik, die durch die beiden Grundprinzipien der Dialektik bestimmt sind: Das Auseinandertreten eines Prinzips in Thesis und Antithesis und deren Re-integration in der Synthesis, die die entstandene Vielheit – um die Konkretion der Individualität sowie den bewußten Vollzug ihrer Verwirklichung und ihres Aufstiegs zur Seinsvollkommenheit bereichert – schließlich zum ursprünglichen Prinzip bzw. Eidos zurückführt.

Dialektik und Logos sind somit die umfassendsten universellen Prinzipien des Geistes, die sowohl in der Kosmogenese von Welt und Dingen, wie auch in der begrifflichen Dynamik des Geistes ihre Geltung haben. Sie sind universelle, allumfassende Prinzipien, die gleichermaßen im Reiche des Seins und des Gewordenen, als auch in dem des reinen Denkens regieren. Als Prinzip des Logos bestimmen sie nicht nur dessen prozessual ontologische Dynamik als schöpferische kosmische Kraft, sondern auch den operationalen Vollzug der Vernunft.

2. 5. 2 Die Dialektik als universelles Gesetz des tätigen Logos: Selbsteinschränkung und Polarisation versus transzendentale Koinzidenz der Gegensätze als Prinzipien des Hervorgangs und der Rückkehr in den Ursprung

Das dynamische Prinzip des Logos, seiner Tätigkeit also, ist die Dialektik. Ihr unterliegen der Prozeß des Hervorgangs der gewordenen Dinge aus dem Geiste, wie auch der Akt ihrer Rückkehr in ihn. Hervorgang ist zugleich Einschränkung und Auseinanderlegung einer ungeteilten unendlichen Idee bzw. eines vollkommenen Eidos in eine begrenzte Form. Wie Idee und Eidos in sich ununterschiedene Ganze sind, so gründet die Form notwendig auf Unterschied und Gegensatz. Gestalt und Gestalthintergrund, Licht und Dunkel sind die in den Erscheinungen notwendig kontradizierenden Gegensätze, die sie konstituieren. Während die Idee ewig, unendlich und in sich ununterschieden ist, ist das gewordene Seiende, die aus dem absoluten Geiste hervorgegangene Erscheinung veränderlich, begrenzt und differenziert.

Der Logos, ideendurchdrungen, projiziert die, ihm gleich Samen einwohnenden Ideen auf die Bildfläche des reinen Geistes, indem er ihr unendliches Maß auf ein endliches herabmindert. Dies ist das Prinzip der Selbsteinschränkung des Geistes, bei dem die eine ungeminderte Idee in einem Spannungskontrast ihrer gleichzeitigen Affirmation und Negation in eine endliche Gestalt in Raum und Zeit herabtransponiert wird.

Projektion, Einschränkung und Polarisation sind die drei koinzidierenden Faktoren des schöpferischen Aktes des Logos. In ihm wird die unoffenbarte Fülle des Geistes durch einen Akt der Selbsteinschränkung offenbar. Die Umkehr dieses Aktes, in der die im Schöpfungsakt des Logos hervorgegangene Form oder Erscheinung in ihren oberen Ursprung zurückgehoben wird, besteht auch in der Umkehrung der Dihairesis (διαιρεσις) in einen Akt der Synthesis, in dem die konstitutiven kontradizierenden Gegensätze zu ihrer ursprünglichen transzendenten Einheit zurückerhoben werden, in der sie zusammenfallen.

Aus dem einen Urpunkt, der alles enthält, projiziert der Logos All und Alles, Kosmos und Leben in Raum und Zeit. Gleich einer Kugelwelle breitet sich der schöpferische Urimpuls aus im Raume des Allbewußtseins und läßt so die Vielfalt der Dinge erscheinen. Schon Parmenides dachte die Schöpfung in der Gestalt einer Kugel und auch nach dem auf Einstein aufbauenden relativistischen Friedmann-Modell des Kosmos ist dieser als Oberfläche einer vierdimensionalen Kugel darstellbar, deren Mittelpunkt im Ursprung der (imaginären) Zeitachse in der welttranszendenten Tiefe des Raumes liegt. (Nach der allgemeinen Relativitätstheorie ist eine Welt mit homogener Materiedichte, d. h. gleichmäßig verteilter Masse notwendig ein sphärischer Kosmos; sie bildet einen vierdimensionalen sphärischen Raum, der bezüglich dreier Dimensionen homogen und isotrop ist). Dreitausend Jahre zuvor hatte bereits Salomo den denkwürdigen Satz geprägt: „Das All ist eine Kugel, dessen Oberfläche nirgends und dessen Mittelpunkt überall ist." Das ist das Bild des Kosmos aus der Sicht des allgegenwärtigen Ursprungs. Jeder Punkt, jedes Ereignis dieses Weltenraumes liegt in gleicher Entfernung zum transzendenten Ursprung der Welt, an dem er oder es selber teilhat. Jeder dieser Punkte ist eine äquidistante Projektion aus jenem Mittelpunkt, ja dessen Projektion selbst.

Alles Geschaffene ist damit als Projektion einer unendlichen und vollkommenen Idee aus der Alljenseitigkeit des absoluten Geistes durch jene Mitte in die Immanenz von Raum und Zeit denkbar, worin diese Mitte gleichsam das Tor und Öhr zur Transzendenz bildet. Projektion ist immer verbunden mit Veränderung der Proportionen – hier der Seinsform des sich in ihr manifestierenden Prinzips. Letzteres verjüngt sein ewiges und unendliches Wesen (Eidos) zu einer begrenzten Gestalt.

Es ist der Logos, der die undifferenzierte Fülle der ursprünglichen transzendentalen Einheit des absoluten Geistes in einem Akt der Auseinanderlegung (Dihairesis) in die Vielfalt unendlicher Ideen auseinanderlegt, die in ihrer leuchtenden Macht gleich Sternen den intelligiblen Kosmos aufspannen. Jene transzendente Welt unendlicher Urbilder enthält in ihnen die Paradigmata der geschaffenen Dinge, die eben dadurch aus ihnen ins konkrete Sein treten, daß sie in einem Akt reziproker Projektion als dialektisch geborene Synthese von Selbstverneinung und Selbstbejahung hervorgehen. Manifestation eines transzendenten unendlichen Prinzips ist schon per definitionem Negation, als in ihr das zu manifestierende Prinzip nur durch partielle Selbstverneinung auf das für eine Manifestation voraussätzliche endliche Maß (Selbsteinschränkung) heruntertransponiert wird, wobei die eigentliche Manifestation im Sinne einer Affirmation oder Selbstartikulation erst vor dem Hintergrund jener Negation als solche hervortritt. Der Logos ist es, der die transzendentale Bedeutung der Idee als Wort und Name artikuliert und damit – eingekleidet in Form und Farbe (Qualität) – ins Sein ruft. Im Spannungsfeld zwischen absolutem Sein (aus dem sie hervorgeht) und Nicht-Sein bestimmt sie ihren Eigenwert als relatives Seiendes. Das ist Existenz: Hervorragen vor dem Hintergrund von Sein und Nicht-Sein.

Alles, was in der Transzendenz absolut einfach, vollkommen, ewig, unendlich und selbstgenügsam ist, ist in der Immanenz differenziert (gegensätzlich und gegliedert), mangelhaft, zeitlich, begrenzt und bedürftig. Seinen Ursprung in sich tragend strebt es zurück in die Seinsvollkommenheit des absoluten Geistes, worin es in Selbstaufhebung seiner relativen Existenz unter gleichzeitiger Beibehaltung seiner individuellen Form die letztendliche Erfüllung und Vollendung (συντελεια) seiner Bestimmung findet. Das ist dialektischer Aufstieg (αναγωγη) in dem das jeweilige Seiende A, das immer zugleich es selbst als auch ein Anderes (Nicht-A) ist, sich umgekehrt wiederum als Selbiges gegenüber dem Nicht-A als dem Anderen behauptet und bestimmt, indem es als Selbiges alles Anderssein transzendiert und im einen alljenseitigen Selbst aller Selbste aufgeht. Dort ist es in einem dreifachen Sinne aufgehoben: einmal im Sinne der Überwindung oder Beseitigung des kontradizierenden Gegensatzes in der Rückkehr ins Selbst, zweitens als erinnernde (oder integrierende) Aufbewahrung des negativen Bestimmungsmoments und schließlich als Hinaufgehobensein auf eine jeweils höhere Ebene, so daß es schließlich eine höchste Stufe des dialektischen Prozesses erklimmt, nämlich das absolute Sein und Wissen des Absoluten in und um sich selbst.

Was im Abstieg durch Dihairesis (διαιρεσις) aus dem ungeteilten Einen als gegliedertes Einzelnes hervorgeht, gelangt in einem Akt der Anairesis (αναιρεσις) oder der Koinzidenz der Gegensätze, ja aller Differenzierung überhaupt zum Aufstieg (αναγωγη) ins höchste Eine als seinem ersten Grund und seiner letzten Bestimmung.

Das zur Manifestation drängende transzendentale Prinzip wird in einem Akt beschränkender Transposition seines jenseitigen Eidos, der sich seinerseits in einem Akt gleichzeitiger thetischer Setzung und antithetischer Negation gleichsam selbst gestalthaft konstituiert, zur Konkretion in Raum und Zeit bzw. Begrifflichkeit gebracht, um schließlich wieder aller Konkretion und Gegensätzlichkeit entkleidet und in die abstrakte Einheit seines transzendentalen Ursprungs enthoben zu werden. Jene Entkleidung oder Abstraktion (αφαιρεσις) ist es, die die Synthesis von Thesis und Antithesis, d. h. die Reintegration der kontradizierenden Bestimmungen und ihre Koinzidenz in der Einheit ihres Ursprungs erst gewährleistet. Differenzierung, Einschränkung und Konkretion sind die Prinzipien des Abstiegs und der Manifestation, Integration, Selbstaufhebung und Abstraktion die des Aufstiegs und der transzendentalen Verwirklichung. Der Logos ist deren dynamisches und die Dialektik dessen formal-operationales Prinzip.

Schöpfung und Rückgang in den Ursprung, schöpferisches Hervorbringen aus dem transzendenten Allgeist und Rückführung des Geschaffenen in seinen Ursprung, Ab- und Aufstieg des Bewußtseins zwischen Einheit und Vielfalt, sind die beiden komplementären Grundakte des Logos.

Während der Schöpfungsakt auf dem Prinzip von Selbsteinschränkung und Polarität beruht, indem eine unmanifestierte ewige Idee durch gleichzeitige Negation und Affirmation aus ihrem überzeitlichen Ursprung heraus und in eine begrenzte zeitliche Existenz eintritt, wobei es sich durch Annahme kontradizierender Attribute erst eigentlich als solche konstituiert, gründet der Akt der Rückführung und des Aufstieges in der Selbsttranszendenz der es beschränkenden wie zugleich es konstituierenden Attribute, sowie der transzendentalen Koinzidenz der konstitutiven Gegensätze in der Einheit ihres Ursprungs. Wie Dihairesis und Polarisation die Prinzipien des Hervorgangs (im schöpferischen Akt), so bilden Anairesis und "coincidentia oppositorum" diejenigen der Rückkehr (im Akt der Vollendung und Verwirklichung).

Es ist der Logos, der beide Akte vollzieht, in dem er das Eine durch das Öhr des Seins in das Andere verwandelt und überführt. Werden und Entwerden, Abstieg in die zeitliche Existenz und Aufstieg in das überzeitliche Sein der Vollkommenheit des reinen Geistes sind die beiden im Logos sich vollziehenden Akte. Während also Schöpfung Begrenzung, Polarisierung und Differenzierung eines unbegrenzten, in sich ununterschiedenen Einen in ein begrenztes, in sich reich gegliedertes Ganzes ist, besteht die Rückführung in der dialektischen Überwindung, Koinzidenz und Transzendenz (aller Gegensätzlichkeit und) ihrer Vielfalt in die nackte Einheit des Allgeistes.

Beide Akte vollziehen sich durch das Nadelöhr von Werden und Vergehen am Horizont des Seins. Wie bei Geburt und Tod, in denen die individuelle Seele, unauslöschlich der Sphäre des Logos angehörend, das Gewand der Körperlichkeit annimmt oder ablegt, so nimmt das werdende Seiende gemäß seines Eidos dieses oder jenes Kleid von Attributen an, in dem es sich – es selber bleibend – als jenseitiges Sein und Eidos selber sucht, bis es seine akzidentielle Hülle in einem Schritt transzendentaler Koinzidenz der Gegensätze überwindet und als ununterschiedenes Selbiges in die Alleinheit des Geistes, der der Ursprung und das Selbst aller Wesen und Dinge ist, zurückkehrt.

Es ist im Hinblicken des Logos auf das alltranszendente Eine, in welchem er sich mit den samenartigen ατομα ειδη (Atoma Eide) erfüllt, die er, so er in sich den Willen dazu faßt, als begrenzte, wandelbare Kreaturen und Dinge durch das Tor zwischen Transzendenz und Immanenz über den Horizont des Seins in Raum und Zeit ausgebiert. Diese, ihre eigene Identität suchenden und nach der Seinsvollkommenheit ihres Ursprungs zurück strebenden Wesen und Dinge, die sich in einem Akt der Selbsttranszendenz all ihrer Bildhaftigkeit und Akzidentialität entbilden und ihrer bildlosen Selbigkeit zurückerinnern, kehren schließlich – allen So-Seins entkleidet – in das nackte Sein ihres Urgrundes ein, wo sie die Vollendung ihres Glücks und ihrer Bestimmung finden.

Das ist die sich vermittels des Logos vollziehende Dialektik von Werden und Entwerden, Hervorgang und Verwirklichung, Dihairesis und Anairesis, die dessen beiden komplementären Akte darstellen. Während die Dihairesis das Prinzip der Schöpfung (bzw. des Hervorganges) ist, ist das "principium coincidentia oppositorum" dasjenige der Vollendung und des Rückganges. Und wie Schöpfung und Wiedervereinigung die beiden reziproken Grundtätigkeiten des Logos bilden, so bilden die beiden Prinzipien von Dihairesis und Anairesis bzw. von Differenzierung und transzendentaler Koinzidenz die beiden komplementären Prinzipien der Dialektik in der Dynamik des Logos.

In anderen Worten: Dihairesis und transzendentale Koinzidenz sind die zwei komplementären Prinzipien der Dialektik, die sich in den beiden reziproken Grundakten des Logos konstituieren: Das Auseinandertreten einer Idee oder eines Eidos in Thesis und Antithesis und deren Reintegration oder Synthesis, die zum ursprünglichen Prinzip zurückführt; Er gewährleistet und bewirkt den Ausgang und den Eingang eines Hervorgegangenen oder einer Kreatur durch die Pforte von Werden und Entwerden am Horizont zwischen überzeitlichem Sein und zeitlicher Existenz.

So verstanden ist die Dialektik sowohl ein prozessual-ontologisches als auch operational-ideelles Gesetz, das heißt sowohl Real- als auch Idealprinzip. Sie ist das Prinzip (der Dynamik) des Logos sowohl in seiner Bedeutung als schöpferische Kraft als auch der des operational-begrifflichen Vollzuges der Vernunft.

Zusammenfassung: Gemäß der ursprünglichen Dialektik des Hervorgangs des Geistes (νους) aus dem Einen (ην) und seiner Rück-

bindung an jenes, die der Prototyp aller schöpferischen und evolutiven, kausalen und finalen wie auch noetischen und logischen Prozesse ist, und durch den Logos, der deren dynamisches Prinzip ist, vollzogen wird, hat alles was ist, als das was es ist, seinen Grund, Ursprung und Ausgang (αρχη) in einer je einfacheren einheitlichen, es
selbst transzendierenden Einheit, die wir als einfaches Seiendes
(απλουν οντως) bezeichnen. Jenes ist trotz seiner Einfachheit zugleich eine unbestimmte Vielheit, da Vielfältiges in eingefalteter
Weise in ihm ruht. In einer nach innen gewandten Schau, in der der
Logos sich selbst betrachtet, gelangt er durch eine Auseinanderlegung
(διαιρεσις) des geschauten bildlosen Bildes in eine Vielheit von Be-
stimmungsgründen zur Projektion jenes Urbildes (ειδος) in Raum
und Zeit in Form der Manifestation einer zusammengesetzten Vielfalt
(= zusammengesetztes Seiendes – συνθετος οντως). Diese, als eine
Mannigfaltigkeit kontradizierender Attribute (der innewohnenden
Antinomie) konstituiert, durchläuft sodann – von ihrem inhärenten
Widerspruch getrieben – einen umfassenden evolutiven Wandel, in
dem es als Mangelwesen und eines Höheren bedürftig auf sein vollkommenes Urbild als Ziel seiner Bedürfnisse ausgerichtet, zu diesem
– als seiner letzten Bestimmung – hinstrebt. Dieses Streben, das
durch seine Ausrichtung auf die jeweils höhere Einheit als sein Telos
durch und durch final ist, bewirkt eine zunehmende Durchlichtung
des Gewordenen im Lichte des ungewordenen Urbildes, das in einer
gleichzeitigen Aufhebung des diesen Prozeß bewirkenden Gegensatzes mündet.

Alle Teilhabe ist auf eine Kulmination des Wandlungsprozesses in
einer Koinzidenz und Aufhebung der kontradizierenden Attribute
gerichtet, bis die Kreatur schließlich alle niederen Aspekte ihrer
Kreatürlichkeit – bis auf die geläuterte Individualität, die – obwohl
geschaffen – unauflöslich ist, überwunden und abgestreift hat. In der
Synthesis (συνθεσις oder αναιρεσις, als der Umkehrung der den
Hervorgang konstituierenden διαιρεσις) der in ihm manifesten widerstreitenden oder kontrastierenden Gegensätze, die einer Aufhebung (αναγωγη) des Widerspruchs infolge einer Abstraktion oder

αφαιρεσις gleichkommt, erfährt die Kreatur ihren Aufstieg (αναγωγη), der sie zum einen von aller Widersprüchlichkeit befreit, zum zweiten zur Vervollkommnung (συντελεια) ihres individuellen Wesens und drittens durch die Einung (ενοσις) mit ihrem Grund und Urbild zu einem letztendlichen Aufgehobensein und ewiger Ruhe in der Transzendenz führt.

Das ist das finale Ziel des gesamten Wirkens des Logos in der Zeit, All und Alles zur Parusie (παρουσια) seines transzendentalen Lichtes sowie zur Vollendung (συντελεια) in seinem oberen Ursprung zu führen.

2. 5. 3 Entwicklungsgang des dialektischen Denkens und seine erkenntnismäßige Kulmination

Die Frage nach dem Ursprung der Gegensätze ist so alt wie die Philosophie selbst. Jede Vielheit enthält schon Gegensatz; denn in Vielheit ist notwendig Andersheit und Unterschiedenheit enthalten, und in ihnen liegt … Gegensätzlichkeit beschlossen. Es gibt keine Vielheit ohne oder außerhalb von Gegensätzlichkeit. Sobald daher die Welt auf die ihr eigene Vielheit und Veränderlichkeit von Dingen und Wesen, von Zuständen und Beschaffenheiten hin angesehen wird, erhebt sich die Frage: Woher kommt diese Verschiedenheit und Mannigfaltigkeit?

[Die Geschichte hat kosmologische, theologische, mythologische und metaphysische Begründungen dieser Frage gegeben. Grundsätzlich gehen sie alle davon aus, daß ein Uranfängliches, das selbst ohne Grund, einfach und anfanglos ist, zum Uranfänglichen wird, aus welchem Entstehen und Werden hervorgehen, an dem erst Unterschiedlichkeit, Gegensätzlichkeit und Vielfalt haften.]

Die Pythagoräer ließen einen Grundgegensatz die ganze Natur durchziehen: den Gegensatz des *Unbegrenzten* und *Begrenzten (peras und apeiron)*, der seine Spielarten in den Gegensatzpaaren von Einem und Vielen, Licht und Finsternis, Bewegten und Unbewegten, Männlichen und Weiblichen, und anderen Paaren, hat. … Alle diese Sonderfälle aber führten sie auf einen Urfall von Gegensätzlichkeit, nämlich den … der Verschiedenheit von gerader und ungerader Zahl, zurück. … In der Eins aber fallen [sie alle] im Voraus zusammen, denn aus ihr entsteht die Reihe aller Zahlen; … Auf der Geeintheit der Gegensätze im Ur-Einen beruhte das Wesen des pythagoräischen Kosmos.

Nach Anaximandros, der der Urstofftheorie des Thales widersprach, muß das Ursprüngliche, das als ungeworden, unerschöpflich und unvergänglich zu denken notwendig ist, allen Gegensätzen vorausgehen; es muß das *Unbestimmte*, das *Grenzenlose* (α–πειρον, infinitum) selbst sein. Nur aus dem selber Gegensatzlosen können Urqualitäten, wie Kaltes und Warmes, sich ausgesondert haben, aus denen [schließlich] die … Welt [der raum-zeitlichen Bedingtheit und Beziehungen] geworden ist. … sie ist aus dem Grenzenlosen geworden, um wieder ins Grenzenlose zurückzukehren.

Was Pythagoras und Anaximandros im Großen, jeder auf seine Weise, spekulativ erfaßten – der erste im Begriff des Einen, der zweite im Begriff des Grenzenlosen –, das [brachte] Heraklit [auf einen gemeinsamen Nenner, ein Prinzip]: Er entnahm dem Gegensatz das Prinzip der Entwicklung. In jedem Geschehen ist bereits [dessen] Gegenlauf (nach Aethius: λογον εκ της εναντιοδρομιας δημιουργον) [enthalten und begründet]; denn im Prinzip der Gegensätzlichkeit (Polarität) ist schon grundsätzlich alles Gegensätzliche – in allem – vereinigt; [indem das eine das andere bedingt]; jegliches schlägt in das Gegenteil um ‚wie ein ewiges Feuer, das nach Maßen sich entzündet und erlischt'. Dies ist der Rhythmus des Werdens, das … Gesetz und die … Regel des Alls, [wonach] Auf und Ab, Sieg und Niederlage, Leben und Tod immer ein und dasselbe sind, da im einen schon das andere steckt. Wirkung und Gegenwirkung bedingen [unaufheblich und ewig] einander. … [Es ist eine Grundtatsache der empirischen Wirklichkeit,] daß es in der Welt nichts gibt als Gegensätze, [ja Gegensätzlichkeit ist ihr Wesen] und über und in ihnen waltet das eherne Gesetz ihres Rhythmus.

[Wer das eine will, ohne das andere willkommen zu heißen, der ist ein Tor; er ist gefangen in der Welt der Sinne und des Begehrens und wird zum Spielball des Schicksals, das ewige Wandlung und Wiederkehr ist. ... Ähnlich standen Plato, Meister Eckhart und auch Swami Vivekananda, die übereinstimmend erklärten: „Wer zwei sieht, der ist von der Wahrheit weit entfernt." ... „Wer das eine seinem Gegenteil vorzieht, ist nicht gerecht." „Wer sich stößt an der Welt (der Gegensätze), der hat Gott (der Einheit ist) nicht erkannt."] So gilt es, vom „Entweder-oder" zum „Sowohl-als-auch" zu schreiten.

Das Gesetz der Entwicklung und ihres Prinzips aber nennt Heraklit „den Logos".

[Bei Parmenides und Plato, die die ontologische Differenz zwischen Sein und Seiendem, in Entsprechung zum mathematischen Gegensatz von Absolut- bzw. Aktualunendlich zu Endlich, als geradezu unüberbrückbar darlegen, ist gerade dieser Urgegensatz das Prinzip, das den Hervorgang des Vielen aus dem Einen und des Endlichen aus dem Unendlichen erst recht begründet. Das absolute Sein, das *ist* und begrifflich dem Nicht-Sein, das *nicht ist*, kontradiktorisch gegenübersteht, bildet den Grund, Ursprung und Ausgang der Welt der Erscheinungen, die nun weder Sein noch Nicht-Sein, sondern ein Mittleres zwischen Sein und Nicht-Sein bilden, und damit den Prozeß allen Werdens und Vergehens als Projektion eines ungeteilten Einen in den Raum der Vielheit offenbaret.]

Hiermit sind die beiden Hauptpositionen, die von der archaischen Philosophie der Griechen für das Gegensatzproblem ausgebildet wurden, in ihren Grundzügen beschrieben. Das eine Mal wird die Gegensätzlichkeit kosmogonisch begründet, das andere Mal wird sie dialektisch gefordert. Beide Male ist der Gegensatz an drei Momente gebunden: entweder finden die beiden Glieder des Gegensatzes in einem Dritten ihre kosmisch vorgegebene Balance, oder es ist zwischen beide dialektisch ein Drittes als Mittleres gelegt.

Diese dreigliedrige Struktur findet sich schon in den orientalischen Religionen angelegt; in denen die eine Gottheit als Urprinzip Zweiheit in sich trägt, die sich teilt und in ihrer Wiedervereinigung ein Ur-Drittes als ihr Ur-Erzeugnis hervorbringt, das die Qualitäten beider seiner Ur-Eltern in sich vereint, und sich in ihrer inneren Synthesis wieder zum oberen Ursprung zu erheben vermag.

Plato befaßt sich insbesondere im Symposion mit der kosmogonischen Variante, etwa der ‚Chaos-Theorie' bei Hesiod und dem ‚sich selbst entzweienden Einen' bei Heraklit, entwickelt jedoch die dialektische Form des Gegensatzproblems zum eigentlich systembildenden Prinzip seiner Lehre. Danach sind sowohl die Welt der Ideen als auch die Welt der Erscheinungen vom Prinzip der Vielheit durchdrungen, jedoch einmal als unbestimmte, das andere Mal als bestimmte Vielheit.

Sein besteht ja nicht in ungeteilter Einheit, sondern der Einheit einer Vielheit (von Ideen). Dies folgt aus der platonischen Zwei-Prinzipien-Lehre, das ist der Lehre vom Einen und der unbestimmten Zweiheit – der höchsten Idee und der Dyade.

Es ist die Vielheit der Abbilder, in der sich die vielheitlich-ganzheitliche Einheit des Seins widerspiegelt, wie etwa die Gleichheit in gleichen Dingen, oder die Tapferkeit in tapferen Handlungen. Die Dingwelt erscheint einerseits als *unvollkommener Abglanz* (μιμεσις) eines vollkommenen Seins, zum anderen aber trägt sie *die Tendenz zur Vollkommenheit* von ihren Urbildern in sich, die ihr je nach erreichtem Grad der Teilhabe eine aufsteigende Richtung zu ihnen hin, das heißt zu ihrer *Verähnlichung* mit jenen Urbildern, verleiht. Von der Welt des reinen Seins aus betrachtet ist die Dingwelt durch einen *unendlichen Abgrund* von jenem geschieden, *vom reinen Sein her aber als von demselben umfaßt.*

Es ist nun *die Seele das Mittlere,* das zum einen die im Sein enthaltene undifferenzierte Ideenfülle zur ihrer vielheitlichen raumzeitlichen Entfaltung führt, zum anderen aber das Gewordene an seinen ungewordenen Ursprung rückbindet und es in dieser Rückbindung zu ihm emporzuführen vermag. Dem sich ansonsten ins Nichts verströmenden Werden der Dinge, verleiht die der Seele innewohnende Vernunft die Richtung zum Sein; das außerhalb der Teilhabe zerfließende Werden wird durch sie in ein ‚*Werden zum Sein hin*' gewendet. Was durch die Seele aus dem Sein ausgeboren wird, wird durch sie wieder in jenes zurückgehoben. Der in den Dingen waltende Logos ist es, durch den sie geworden, er aber ist es auch, der sie (vermittels ihrer Teilhabe an ihm) in ihren Ursprung zurückführt. Der

Logos führt sie aus der *Geworfenheit* in die relative Existenz heim in den sicheren Hafen absoluten Seins.

Die reziproken Beziehungen von Abbildung und Teilhabe, μιμεσις und μεϑεξις sind es, die Sein und Welt, Ideenkosmos und Erscheinungswelt, Eidos und Erscheinung miteinander verbinden, und den Ab- und Aufstieg der seienden Dinge zwischen Sein und Nicht-Sein bewirken. Der in ihnen waltende Logos verleiht dem unbestimmten Werden der Dinge bestimmende Teilhabe am Sein der Ideen, also die Richtung zur Vollkommenheit.

Nach Prinzipien gedacht, liegt der *schöpferische Ursprung höher als die Vielheit der Ideen, nämlich in der absoluten Einfachheit des alltranszendenten Einen, das mehr ist als alle ideelle Seiendheit. Jenes erst ist der letzte Ursprung und Urpunkt, der alle Vielheit projiziert* und in dem sie ihre *oberste Verankerung und ihre letzte Stütze* hat. Alles Werden und Entstehen, das schon per definitionem eine Ausfaltung von Einheit in Vielheit ist, hebt stets und notwendig in einer ersten Entzweiung einer ungeteilten Einheit an, um sich sodann im Spannungsfeld von Gegensätzen als Mannigfaltigkeit zu konstituieren. Der das Werden setzende Urimpuls ist notwendig *schon im Anfang* von einem synchron hervortretenden Gegenimpuls gleicher Stärke (gleichsam als Negation (Antithesis) der Setzung (Thesis)) begleitet, durch den das Gewordene erst Gestalt annimmt. Thesis und Antithesis bilden das durch das Hervorbrechen des Logos entstandene elementare Kraftfeld in dem sich letztlich alles Werden und alle Entwicklung vollzieht. *Das Gewordene, das als Vielfalt in Erscheinung tritt, trägt demnach die Spannung von Gegensätzlichkeit wesenhaft in sich, die gleichsam die Grundlage seiner Existenz bildet.* Das Gleichgewicht von Kraft und Gegenkraft bildet dessen innere und äußere Gestalt. Was das Ding oder Wesen aus dem Sein heraus zur Existenz führt, ist von einem ihm innewohnenden Gegenimpuls begleitet, der alles Geschaffene in seinen Ursprung bindet und zurückzieht. Wie der Dichter singt: „Alle Kreatur, jeder Stern und jedes Sandkorn, jeder Berg und jedes Tal, sehnt sich zurück in die Einheit, aus der es hervorging."

Die dialektische Drei(ein)heit (Trias) ist deshalb notwendig so beschaffen, daß *der Ursprung im Einen, das Sein bei den Ideen, das kosmische Leben aber bei der Seele liegt*. Diese ist es, die die im Sein eingefalteten Ideen zur Ausfaltung bringt, welche durch den Charakter von Abbildung und Teilhabe bestimmt ist. Durch Abbildung und Teilhabe ist das Ausgefaltete jedoch substantiell an die Ideenwelt rückgebunden und jene Teilhabe des Ausgefalteten am Sein der Ideen bedingt die Wirksamkeit (das ist das Leben) der Ideen (das ist alles in allem der Logos) in den Dingen, welche deren Werden in die geordnete Bahn gerichteter Evolution leitet. *Evolution ist insofern mehr als Werden, als ihr Finalität innewohnt*, welche durch eine Richtung von geringerer zu höherer Ordnung, also in einem *Zuwachs im Grad der Teilhabe an der Welt der Vollkommenheiten* bestimmt und ausgezeichnet ist.

Wir können das Gesetz der Evolution auch anders, einfacher begründen. Es ist nämlich ein unumstößliches Gesetz, daß die Ursache in jeder ihrer Wirkungen und das Höhere stets im Niedereren enthalten sind. Das bedeutet, daß allen seienden Dingen, das transzendentale reine Sein, aus dem sie hervorgingen, eingeboren ist. *Dieses allen Wesen und Dingen innewohnende transzendentale Sein, das deren Wesen ausmacht, zieht sie zurück in jenen Seinsgrund, aus dem sie kamen.* Wie es heißt: „Gleiches zieht Gleiches an." „Was aus dem Licht kommt, strebt zum Licht." Und: *„Alle seienden Dinge streben nach Seinsvollendung im absoluten Sein."*

Das gilt auch für unser physisches Universum. Seine Evolution gründet auf dem Gegensatz und der Spannung zwischen den Gesetzen der Materie und jenen des Geistes, die ja auch dem physischen Kosmos zugrunde liegen. Sie drückt sich in den Begriffen der Entropie und der Negentropie (der Zufuhr von Information bzw. Ordnung) aus.

Poetisch verfaßt, schrieb Kleanthes:

„Das Ungerade verstehst Du gerade zu machen,
das Wirre zu entwirren,

das Feindlich freundlich zu machen.
So hast Du Alles zu Einem gemacht,
das Gute und das Böse,
daß auf ewig das Gesetz des Einen in Allem regiere."

Haben wir die *Dialektik nun aus der Vernunft,* das heißt aus dem Prinzip der Hervorgangs aus und der Rückbezogenheit des Geistes auf das absolute Eine abgeleitet, so gelangen wir nun durch die Betrachtung und Einbindung der Kosmogonie, also *des kosmischen Aktes von Schöpfung und Evolution,* von der rein formalen Ebene der Beziehung zwischen den Hypostasen, auf die ontologische Ebene der Schöpfung der Welt aus dem Kosmos der Ideen.

Nehmen wir unseren Ausgang im Begriff der reinen Vernunft, die ja ihr Wesen im Hingeordnetsein aller Dinge auf das Eine, oder wie Meister Eckhart sagt, in der Selbst-Erkenntnis des reinen Geistes als Selbst-Erkenntnis, das heißt als Einheit von Erkennendem, Erkanntem und Erkennen, hat, so gelangen wir nun aus der Betrachtung des kosmischen Schöpfungsaktes zu dem Begriff der Evolution. Beide aber, *Vernunft und Evolution, bilden dasjenige, was den Logos ausmacht.* Der Logos ist ja die Kraft in der wir erkennen, „leben, weben und sind".

So führt der in den Dingen tätige Logos die Teilhabe zur Kulmination in der Koinzidenz. Dieser Zusammenfall aller Gegensätze, die ja die Vielfalt der Erscheinungen konstituieren, beinhaltet deren dialektische Aufhebung (oder Re-Absorption) im Ursprung. Dort kommen Thesis und Antithesis, Actio und Reactio, Urimpuls der Schöpfung und seine Aufhebung im Rückbezug auf ihren Grund zur Ruhe.

So wie Werden und Entstehen notwendig Entzweiung und Polarisierung voraussetzen, also alles Werden und Entstehen nur polarisch begreifbar ist, so ist damit auch schon die Aufhebung in der Koinzidenz der Synthesis enthalten. So hat die Dialektik in der Geschichte der Philosophie in der Begrifflichkeit ihrer Ausformulierung selbst eine Entwicklung genommen. Während wir im „platonisierenden Heraklitismus" der Stoa von Chrysipp bis Mark Aurel den ‚Gegensatz' immer wieder als metaphysisches Prinzip ausgesprochen und die ‚Einung' der Gegensätze im Ganzen des Kosmos auf die Vernünftigkeit des Weltsinnes zurückgeführt finden, haben die Neupythagoreer zwischen Gott und Welt ein ideales Zahlensystem gelegt, in welchem sich Gottes Einheit ganz ursprünglich als Kosmos ausfaltet, diese kosmische Vielheit aber zugleich in ihm urbildlich eingefaltet ist.

In jedem Falle stellt sich die Frage, wie der Mensch das Formlose seiner Gegensätzlichkeit überwinden und Zugang zu jener absoluten Form, deren Einsheit allem Zwiespalt enthoben ist, finden kann? Plotin war es, der in der Nachfolge Platos zur Ansicht gelangte, daß zuhöchst das Eine, Übergegensätzliche als erstes und oberstes Prinzip herrsche, zu zweit der Nous, wo die Identität von Denken und Gedachtem auseinander tritt und kategoriale Vielheit herrsche, zu dritt die Weltseele, die vollends zwischen geistiger und körperlicher Welt Vermittlung bewirkt. Aber die Trias von Ursprung, Hervorgang und Rückbezug spielt bei ihm eine ganz neue Rolle, als sie hier bereits als Entwicklungsprinzip gefaßt ist. Das überseiende, übervernünftige, übergegensätzliche Eine hat im Nous, in seiner Korrelation von Subjekt und Objekt, in seiner Vielheit der Ideen, eine erste Abspiegelung erhalten, die ihrerseits in analoger Weise weiter ausstrahlt: aus dem Nous geht die Allseele hervor, die den Inhalt der noetischen Welt empfängt und widerspiegelt. Und so setzt sich der Prozeß fort: Nach dem Verhältnis vom Eidos zum Eidolon bildet sich absteigend eine endliche Reihe von Seinsstufen, bis in äußerster Entfernung vom Einen die letzten Abbildungen nur noch den Grad kraftloser Schattenbilder haben. Die unterste Zone ist die der Hyle bzw. Materie. Diese ist vom Ur-Guten (dem Agathon oder Einen) soweit entfernt, daß in ihr nur noch das Chaos der Unbestimmtheit herrscht und die Erscheinungen durch ihre eigene Nichtigkeit befleckt sind.

Damit kann schon im Neuplatonismus insofern von einer Koinzidenz der Gegensätze im Absoluten gesprochen werden, als in der unendlichen Einsheit Gottes zugleich der Grund beschlossen liegt, aus dem die Andersheit der Sphäre des Noetischen folgt, die sich sodann bis in die Gegensätzlichkeit der physischen Welt hin ausbreitet. Das Urbild-Abbild-Verhältnis ist somit der Ur-Fall von Gegensätzlichkeit überhaupt bzw. der Urgegensatz selbst. Zur Koinzidenz gelangen bedeutet (nun insbesondere für den Menschen): zur Wieder-Vereinigung mit dem Urbild kommen, indem wir uns selber vergessen und über die noetische Sphäre hinaus in liebender Anschauung nur noch vom Einen wissen, vor dem unsere Andersheit in nichts versinkt. Wie aus dem ewig Einen das Viele sich entfaltet, um wieder zu ihm zurückzustreben, so bleiben für alles Seiende drei Phasen maßgebend: Das Beharren, der Hervorgang und die Rückstrebung. Dieser Dreischritt wird die Trias des dialektischen Prozesses genannt.

Im Lichte der christologischen Rezeption dialektischen Denkens wurde die Verknüpfung des Gegensatzbegriffs mit dem platonischen Eidolon, die Verbindung des Koinzidenzbegriffs mit der neuplatonischen Trias, und der analoge Übergang zu einem neuen Unendlichkeitsbegriff, der die Stetigkeit einer ins Grenzenlose verlaufenden Reihe zur supertranszendenten Einsheit Gottes, dem allein absolute Unendlichkeit innewohnt, in Beziehung setzt, vollzogen.

Hier kommen die Gegensätze von Immanenz und Transzendenz, Tod und Leben, Stückwerk und Vollendung in der Person Jesu zur Koinzidenz. Er, der als Personifikation des Logos, zugleich Gott und Mensch ist, vereint in seiner Person Gott und Welt, Ewigkeit und Zeit. In ihm selber ist die Koinzidenz zur Theophanie geworden.

Es ist uns nicht gegeben, Gott „von außen" her zu erkennen, sondern selbst Gott zu werden. Das ist reine „Enosis".

Eriugena hat in der Nachfolge Areopagitas die Dialektik des Chrysipp auf eine neue Stufe gehoben: Danach entwickelt er aus einem ersten, schaffenden ungeschaffenen Sein (als Ur-Grund) über ein zweites, sowohl geschaffenes wie schaffendes (Ideen) und ein drittes, nicht schaffendes geschaffenes (=Welt) bis hin zu einem vierten, weder geschaffenen noch schaffendem Sein, dem Telos aller Entwicklung. Hierin bezeichnen sowohl die erste wie auch die vierte Stufe die Sphäre des rein göttlichen Seins: Er ist Ursprung und Ziel (Bestimmung) aller Dinge, ewiger Schöpfer und ewige Ruhe. In ihm fällt die absolute Positivität des einen Anfangs, aus dem alle Ideen hervorgehen, um sich in der Sphäre des Gewordenen und der Seele weiter zu entfalten, mit der absoluten Negativität zusammen, in welcher das Viele nach Vollendung seines Weges zurückkehrt.

Erst Nikolaus von Kues formulierte das Koinzidenzprinzip in den Begriffen von *complicatio* und *explicatio*, Ein- und Ausfaltung der Ideen. Hier werden Seele und Welt als Ausfaltung des Unendlichen verstanden, dem sie zugleich als Einfaltung innewohnt. Die Gegensätze werden in der Welt bis zur vollen Ausfaltung des Individuellen entfaltet, denn das Eine Absolute hat als seine Offenbarung die Form der Vielheit vorgesehen, in der es als Welt lebt. Der Sinn der Vielheit ist aber nicht die Zwietracht, sondern die Reintegration alles Einzelnen in der übergeordneten Einheit des transzendenten Geistes, worin jedes wirklich Individuelle zu einer besonderen Teilhabe am Absoluten gelangt. Nur wo solch ‚allgemeine Eintracht‘ herrscht, ist das Unendliche im Endlichen, das Überweltliche in der Welt und die Ewigkeit in der Zeit gegenwärtig geworden.

Damit wohnt der Dialektik des Logos ganz eminent das Telos der Aufhebung aller geschaffenen Formen und Dinge in der Transzendenz ihrer Koinzidenz (im absoluten Sein) inne, in der sie zugleicht endlich und individuiert als auch unendlich und universell sind. Involution und Evolution des Seins in Raum und Zeit, d. i. Einfaltung und Ausfaltung des Geistes, haben ihre letztendliche Finalität in der Seinsvollendung der Schöpfung und der Geschöpfe. Für den Menschen liegt das in der Theophanie seiner individuellen Seele.

In letzter Konsequenz sind alle Prozesse des Werdens und Entwerdens, von Involution und Evolution, Einfaltung und Ausfaltung (der Ideen) rein innergöttliches Geschehen. Der eine Nous sucht sich in reiner Rückwendung zu sich selbst selbst zu erkennen. Er strebt danach, der undifferenziert in ihm wohnenden unmanifestierten Fülle von Eiden und Ideen ansichtig zu werden, sich darin in seiner ganzen Herrlichkeit selbst anzuschauen. Dazu bedarf es eines Spiegels, der die unmanifestierte Fülle als manifestierte Vielfalt widergibt.

Sich also nach innen wendend, schöpft Er aus jener eingeborenen Ideenfülle und schafft Welten und Geschöpfe als Abbilder Seiner in Ihm lebenden Urbilder. Darin beschaut Er sich selbst und in dieser Selbstbeschauung kommt es zur Entzweiung des einen ungeteilten Geistes in Subjekt und Objekt als erkennendes Ich und erkanntes Das (Sanskrit: Purusha und Prakrti). Die Fülle, die der Geist in sich selbst hat und aus sich selbst schöpft, steht nun als konkretes Bild vor ihm. In der Scheidung von Schauendem und Geschautem tritt er auseinander in Subjekt und Objekt, in ein Ich und ein Das und bleibt doch ein ungeteiltes Eines. Subjekt und Objekt sind eins, insofern, als das, was das Subjekt schaut, ja es selbst ist. Der Geist beschaut sich selbst und das, was er in sich schaut, erfährt und fasst er noetisch als Objekt. In anderen Worten: Nennen wir den Nous Gott, so ist er als reines Selbstbewußtsein in sich selbst versunkener Geist. Sich selbst schauend, kommt es in seinem schauenden Geiste zur Scheidung von Schauendem und Geschautem, eben einem schauenden Ich (als Subjekt) und dem geschauten Das (als Objekt). Er selbst tritt zwar als Subjekt und Objekt auseinander, bleibt aber – indem er selbst ja zugleich beides ist – ein ungeteiltes Eines. Nennen wir den subjektiven Aspekt „Vater" und den objektiven Aspekt „Sohn", so versteht sich der Aspekt des Heiligen Geistes als die Beziehung jener beiden Aspekte zueinander. Nach diesem Diktus bilden Vater, Sohn und Heiliger Geist Subjekt, Objekt und Akt der Erkenntnis und der Liebe des absoluten Geistes. Sie verkörpern die Trias von Erkennenden, Erkannten und Erkenntnis bzw. Liebenden, Geliebten und Liebe. Der Sohn, der ursprünglich reine Ideenfülle ist, manifestiert sich schließlich vermittels der Kraft des Logos in der Vielfalt von Schöpfung und Geschöpfen. Er steigt in einer Kette von Schöpfungsakten hinab bis zur Konkretion der partikulären Dinge und empirischen Individuen, die in ihrer Totalität und Einheit untereinander allesamt zum Vater in der Beziehung der Sohnschaft stehen. Wir alle sind Söhne und Töchter des einen Vaters, das heißt Abkömmlinge des einen absoluten

Geistes, die in Gott Sohn ihre Einheit haben und als dieser die universelle Offenbarungsform der verborgenen Fülle und Herrlichkeit des absoluten Geistes verkörpern, in der Er sich selbst anschaut und erkennt.

Damit hat uns die plotinische Trias zur christologischen Trinität geführt. Was der Vater schaut, ist der Sohn, und was der Sohn ist, ist ein Bild des Vaters. Es ist seine unablässige Rückwendung zum Vater, in der er seine eigentliche Identität hat und erfährt. Vater und Sohn sind eins. Der eine absolute Geist ist Gott der Vater, der sich im Sohn manifestiert und in ihm alle Fülle des Vaters hat und offenbart. Der Vater liebt den Sohn als Offenbarungsform seiner selbst, der Sohn hingegen liebt den Vater *als* sein Selbst. Der Vater offenbart sich im Sohn und erkennt und liebt in ihm Seine eigene Fülle. So sind Vater und Sohn in einem ewigen gegenseitigen Erkennen, Lieben und Vereinen nicht nur miteinander untrennbar verbunden, sondern in Wahrheit von Anfang an ein untrennbares und ununterschiedenes Eines.

„Allein der Sohn erkennt den Vater, wie auch er vom Vater erkannt ist." Und: „Wer ihn erkennt, wie er ist, wird ihm ähnlich sein." Denn „wir alle sind Miterben Christi und berufen teilzuhaben an Seiner Herrlichkeit, die er vom Vater hat, seit Grundlegung der Welt."

Die ontologische Konkretion der reinen Eide in den partikulären Dingen und Individuen (der Schöpfung) ist zugleich noetische Konkretion im Selbsterkenntnisakt des absoluten Geistes. Darin kommt der Geist zur konkreten Erfahrung der in ihm verborgenen unoffenbarten (unmanifestierten) Ideenfülle. In anderen Worten: Gott erlangt in der Anschauung der aus ihm hervorgegangenen Schöpfung sowie im Bewußtseinsakt der empirischen Individuen konkrete noetische Erkenntnis Seiner Selbst, die nur in jener konkreten Ausfaltung Seiner unoffenbarten Fülle in der Form einer empirischen Welt und empirischer Subjekte (Individuen) möglich ist. Darin liegt der ganze Sinn von Werden und Entwerden, Schöpfung und Verwirklichung (Erkenntnis), daß der absolute Geist hierin zur ekstatischen Erkenntnis des „all Das bin Ich" oder „Idam Aham" gelangt. Allein in der

Bewußtseinsdämmerung von Schöpfung und Geschöpf kommt Er zur höchsten konkreten Erkenntnis und Erfahrung der unerschöpflichen transzendenten Fülle Seiner Selbst.

3. Der Logos als das ICH des Menschen
3. 0 Einleitung

Man falsely imagines "I am doing this", "I am planning this".
It is the supreme, all pervasive consciousness that motivates,
unfolds the skills and operates the intellect.

Sri Sathya Sai Baba

Der Logos ist der Ursprung und die Mitte aller unbelebten und lebenden Wesen und Dinge, insbesondere der Weltseele wie auch der individuellen Seelensprossen.

Er ist das göttliche Licht und Leben, das ICH und Bewußtsein in allem, was ist.

Er ist das ICH BIN oder Selbst in Dir, das wahre DU bzw. ICH!

Es ist das Selbst von JEDEM und ALLEM.

Er ist sowohl der universelle wie auch der individuelle Geist, dein Intellekt und deine schöpferische Kraft.

Der Logos ist die Präsenz und Manifestation Gottes in uns und jedem lebenden Wesen.

DENKEN ist ERSCHAFFEN.

Was immer Du denkst wird durch den Gedanken manifest.

Der Denker lebst, webt und ist in der Welt seiner Gedanken. Sie ist seine Schöpfung.

Dein Bewußtsein ist ein Aspekt des NOUS, des absoluten Geistes oder Brahmans; es ist das Selbst und Bewußtsein von allem, was ist.

Es ist das Licht und Leben in Dir, jedem lebenden wie auch leblosen Wesen;

Es ist das Licht und Leben im Tier, in der Pflanze, im Stein wie auch jeder unsichtbaren Zelle!

Die Mitte bzw. das Kraft-Zentrum Brahmans ist SEIN WILLE;

Wir nennen dies auch das Christus-Selbst.

Dieses ist der absolute Geist samt seinem Logos, d. i. seine schöpferische & intelligenzbegabte Kraft, sein Wille!

Er ist der Ursprung und die Mitte von allem; Er wirkt in allem und er ist es, der alles zu seiner Vollendung, d. i. zur SEINSVOLLKOMMENHEIT führt.

Wir nenne es auch das Tao!

Du, als dieses individuelle Wesen, bist MEINE Schöpfung, ein Abbild und Ausdruck MEINES Seins und Wesens.

Wie es heißt: „Die Seele ist die erste SCHÖPFUNG des Nous – des absoluten Geistes.

Es ist die Seele in Dir, die dich beatmet und belebt."

Nicht Du atmest, sondern der lebende Geist in Dir, das Christusselbst bzw. die Seele.

Deine Bestimmung ist es, die Fülle Meines Selbst und Wesens, d. i. des absoluten Geistes zu offenbaren; das heißt aber, alles meidest, was dich nicht erfüllt und Du nur vollbringst, was dich beglückt und erfüllt.

Das aber heißt, wahrzunehmen und zu verwirklichen, daß ICH Du bin und Ich es bin, der in Dir denkt, erschafft und vollbringt.

Wahres Denken ist nicht der Gedankenfluß deines Verstandes oder „Mind", sondern die Manifestation des Logos in Dir, i. a. W.: das Wirken und Vollbringen Meines Selbst, des absoluten Geistes. Er ist der Denker (in Dir und überall), nicht der Mensch.

Alles, was der Mensch als unschön, bedrückend, quälend, Verdruß, Mangel oder Krankheit empfindet, ist Ausdruck seiner Vorstellung eines illusorischen, unwirklichen Selbst oder Ich.

Der Weg zur Heilung ist die Wahr- und Annahme seines wahren, göttlichen Wesens oder Christusselbst, des Logos in seiner Allgegenwart und Vollkommenheit. Er ist es, der alles zu seiner Vollendung führt und selbst diese Vollendung ist.

In dieser Wahrnehmung deines wahren, göttlichen Selbst, verwirklichst Du auch das schöpferische Moment des Logos, das allein göttliche, vollkommene und rundum beglückende Gedanken und Wirklichkeiten denkt und erschafft, mit einem Wort nur eine rundum vollkommene Welt.

In der Anerkennung Deiner Göttlichkeit, bist Du eins mit dem Logos und selbst göttlicher Schöpfer!

In diesem Bewußtsein ist es Dir möglich alles zu erneuern, d. i. neu zu erschaffen!

Darin ist es Dir gegeben, Dir willentlich eine neue Persönlichkeit, eine neue Umgebung oder eine neue Welt zu erschaffen.

Es ist das gesprochene Wort, durch das alles geschaffen ist, was ist; das aber ist der von Kraft und Willen erfüllte Gedanke!

Und dieser Gedanke ist Ausdruck einer Idee, ein Bild des absoluten Geistes. Und diese Idee stammt nicht von Dir, deiner sterblichen Persönlichkeit, sondern ist sie ein Aspekt des Logos, bzw. des absoluten Geistes.

Sie ist ein Anblick des absoluten Ursprungs, der aus sich heraus tritt und im Rückblick zu sich - sich als Schauender – manifestiert.

Die Menschheit als Ganze ist Manifestation und Ausdruck MEIES Selbst, des Logos. Sie ist die differenzierte Fülle meiner Göttlichkeit bzw. ihrer Eigenschaften und Erscheinungsformen.

Alle Impulse, ... kommen von Mir, dem ICH BIN.

Dieses ist dein wahrer und einzig wirklicher Meister und das ist das SELBST.

Wenn die Zeit gekommen ist, wo Du kraftvoll und stark genug bist, alle Forderungen der menschlichen Persönlichkeit abzuweisen und ICH BIN in Dir wahrzunehmen und auszusprechen, ...

3. 1 ICH BIN

Zu dir, der liest, spreche Ich.

Zu dir spreche Ich, dessen Seele erwacht ist und sucht, MICH zu finden.

Zu dir, der nach innen schaut und mich in seinem Herzen sucht, komme Ich.

Ebenso zu dir, der du begonnen hast, Gott in seiner Seele zu fühlen, und um einen authentischen Ausdruck deiner selbst ringt.

Ja, zu euch allen, die ihr nach der Fülle das Lebens hungert, komme Ich. Bist du bereit, dich dahin führen zu lassen?

Wenn ja, erhebe dich, richte dich auf, beruhige dein menschliches Gemüt.

Du frägst MICH?

ICH! - wer bin Ich?

Ich, der mit solch offensichtlicher Autorität spricht?

Höre: ICH bin DU, der Teil von dir, der IST und WEISS.

Der alles weiß und immer wußte und immer war.

Ja, ICH bin DU, dein SELBST, der Teil von dir, der ICH BIN sagt und ICH BIN ist. Dieser transzendente, innerste Teil von dir, der sich im Inneren regt, während du liest, der alle Wahrheit meiner Worte versteht und erkennt.

Denn ICH bin dein wahrer Meister, der einzig wirkliche, den du je kennen wirst, und der einzige Meister.

ICH, DEIN göttliches SELBST.

ICH, dein ICH BIN, bringe dir hier Meine Botschaft, Mein lebendiges Wort, wie Ich dir alles im Leben gebracht habe, sei es Buch oder „Meister", um dich zu lehren, daß ICH, und allein ICH, dein eigenes wahres Selbst, der einzige wahre Meister und Gott, der dich allezeit versorgt und immer versorgt hat, und alles zu dir bringt, was du auf allem Ebenen deines Seins und Lebens zu deinem Wachstum und deiner Entfaltung brauchst.

Darum ist das, was dich anspricht, während du liest, Meine Botschaft, von innen her zu deinem äußeren menschlichen Bewußtsein gesprochen. Es ist nur eine Bestätigung dessen, was dein ICH BIN im Inneren immer wußte, aber deinem äußeren Bewußtsein noch nicht in deutliche, greifbare Ausdrücke übertragen hatte.

Ebenso war alles, was von irgendeinem äußeren Ausdruck kam und dich je ansprach, nur die Bestätigung Meines schon im Inneren gesprochenen Wortes. Der äußere Ausdruck war der Weg oder das Mittel, das Ich jeweils wählte, um dein menschliches oder Selbstbewußtsein zu erreichen und zu beeindrucken.

Ich bin nicht dein menschliches Gemüt, noch sein Kind, der Intellekt. Sie sind nur der Ausdruck deines Wesens, wie du der Ausdruck Meines Wesens bist; Erwäge und erforsche diese Worte sorgfältig.

Erhebe dich und befreie dich jetzt und für immer von der Herrschaft deiner Persönlichkeit mit ihren irrealen Vorstellungen und Erwartungen. Denn dein Denken samt deinem Intellekt muß von jetzt an dein Diener sein, wenn Mein Wort dein Seelen-Bewußtsein erwecken soll.

Jetzt komme Ich zu dir, um dich zur Verwirklichung deiner Göttlichkeit zu führen.

Nun, wenn du stark genug bist, es zu ertragen, wenn du alle deine privaten persönlichen Fantasien, Glaubensvorstellungen und Meinungen beiseitelegen kannst, die jeder Realität entbehren und du stark genug bist, sie alle abzulegen - dann wird Mein Wort für dich eine Quelle nie endender Freude und Inspiration sein.

Sei darauf vorbereitet, daß deine Persönlichkeit, während du liest, immer wieder Mein Wort bezweifelt. Denn diese ihre Lebensform ist bedroht, und sie weiß, daß sie nicht leben und gedeihen und weiterhin dein Denken, Fühlen und Tun, sowie dein Kommen und Gehen wie bisher beherrschen kann, wenn du Mein Wort ganz in dich aufnimmst und ihm erlaubst, in dir zu bleiben.

Ja, Ich komme hier und jetzt zu dir, um dir Meine Gegenwart in dir und in allem bewußt zu machen. Immer bin Ich in dir gewesen, aber du wußtest es nicht.

Ich habe in deiner Seele eine Vision des Gelobten Landes erschaffen, damit du dich nach den Gaben des Geistes sehnen und nach den Wegen MEINER Göttlichkeit streben mögest.

Jetzt habe Ich dich an den Jordan geführt, der dich von deinem göttlichen Erbe trennt. Nun ist die Zeit für dich gekommen, Mich bewußt zu erkennen. Die Zeit ist für dich gekommen, hinüber nach Kanaan zu gehen, in das Land wo Milch und Honig fließen.

Bist du bereit?

Willst du gehen?

Dann folge diesem Meinem Wort, das die Arche Meines Bundes ist, und du wirst trockenen Fußes hinübergehen.

3. 2 SEI STILL UND WISSE

Damit du lernen kannst, Mich zu erkennen, so daß du sicher sein kannst, ICH bin es, dein eigenes wahres Selbst, das diese Worte spricht, mußt du zuerst lernen, still zu sein, dein menschliches Gemüt und deinen Körper und alle ihre Fakultäten zur Ruhe zu bringen, damit du dich von ihrer Herrschaft befreien kannst.

Wenn Du das wirklich willst, will ICH dich lehren, dies zu tun. Höre!

Versuche zu begreifen: das ICH, das durch diese Seiten zu dir spricht, ist dein wahres göttliches Selbst.

Dein menschliches Gemüt ist so beschaffen, daß es nichts annehmen kann, was nicht mit seinen Vorstellungen einhergeht;

Darum gebrauchst du, wenn du dich an dein Gemüt wenden willst, solche Begriffe und Ausdrücke, die deinem Verstand faßbar erscheinen, bevor er zum Bewußtsein deiner Absicht erwachen kann.

Tatsache ist: dieses ICH bist du selbst, dein wirkliches Selbst.

Dein personales Ich war bisher so sehr von seinen Gedanken und Vorstellungen in Anspruch genommen, daß er nie Zeit hatte, das wirkliche Du, seinen wahren Herrn und Meister, kennenzulernen.

ICH bin weder dein Intellekt noch dein Körper, und diese Botschaft soll dich zur Erkenntnis führen, daß du und ICH Eines sind. Die Worte, die Ich hier spreche, sollen dein Bewußtsein zu dieser Erkenntnis erwecken.

Dazu kannst du erst erwachen, wenn du dich von der Identifikation mit deinem Körpers und deinem Verstand, die dich so lange versklavt hielten, befreien kannst. Du mußt Mich in dir fühlen, bevor du wissen kannst, daß ICH es bin, der zu dir spricht. Ja, Ich bin da in Deinem Innern!

Damit du dich von dieser Identifikation mit deinem Gemüt und seinen Gedanken, deinen Körper und seine Empfindungen lösen kannst, ist es zuerst notwendig, Mich in dir fühlen und Meine Weisungen gewissenhaft zu befolgst.

Sitze still in einer entspannten Haltung, und wenn du innerlich zur Ruhe gekommen bist, laß dein Gemüt die Bedeutung folgender Worte in sich aufnehmen:

„Sei still! - und wisse - ICH bin – GOTT ".

Ohne zu denken, erlaube Meiner göttlichen Führung, deine Seele tief zu durchdringen. Laß, was immer an Eindrücken dir in den Sinn kommt, nach Belieben eintreten, - ohne Anstrengung oder Einmischung von Seiten deines kleinen ICH.

Beachte sorgfältig ihre Bedeutung, denn ICH in deinem Inneren belehre dich durch diese Eindrücke. Dann, wenn irgendetwas von ihrer entscheidenden Bedeutung in deinem Bewußtsein zu dämmern beginnt, sprich diese meine Worte langsam, zu jeder Zelle deines Körpers, zu jeder Faser deines Gemüts, mit aller bewußten Macht, die du besitzt:

„Sei still! - und wisse - ICH bin - GOTT".

Vertiefe dich in diese Worte, und mache sie zum lebendigen, beherrschenden Faktor in all deinen inneren Wahrnehmungen und all deinen schöpferischen Gedanken.

Sprich sie tausendmal am Tage, bis du ihren Sinn, bis in jede Zelle deines Körpers wahrnimmst und fühlst und alle Poren deines Wesens augenblicklich still werden und jeder abschweifende Gedanke, der dein Gemüt umkreist, ins Nichts entflieht.

Dann, wenn diese Worte in deinem nun leeren Wesen widerhallen und die Sonne des Erkennens sich am Horizont deines Bewußtseins zu erheben beginnt, dann wirst du einen neuartigen, wunderbaren Atemstrom fühlen, der alle deine sterblichen Glieder so völlig erfüllt, daß deine Glückseligkeit darüber dich fast zu sprengen scheint. Dann wird Woge um Woge einer mächtigen, unwiderstehlichen Kraft in dir aufsteigen und dich beinahe der Erde entheben. Dann wirst du in dir die Herrlichkeit, die Heiligkeit - die Majestät meiner Gegenwart fühlen - und dann - dann wirst du WISSEN - ICH bin GOTT.

Du, wenn du mich in solchen Augenblicken so in dir gefühlt hast, wenn du meine Macht gespürt, meiner Weisheit gelauscht hast und das Entrücktsein meiner allumfassenden Liebe erlebst - dann kann dich kein Leid anrühren, kein Umstand schwächen, kein Gegner überwinden, denn jetzt weißt du, ICH bin in dir. Künftig wirst du dich in jedem Moment deines Lebens allein an mich wenden, all dein Vertrauen in mich setzen und mir erlauben, meinen Willen auszuführen.

Wenn du dich in dieser Weise Mir zuwendest, wirst du mich jederzeit als unfehlbare und immer gegenwärtige Präsenz gewahren; durch die du lebst und vollbringst, wozu du geschaffen und berufen bist, denn Ich will dich so sehr von meiner Gegenwart und meiner Kraft erfüllen, daß du nur still zu sein brauchst und mir erlaubst, zu tun und zu wirken, was Mir gefällt.

Es hängt von niemand anderem ab als von dir. Nicht von deiner Persönlichkeit mit ihren menschlichen Wünschen, sondern von deinem ICH BIN - Gott in dir.

Wer ist es, der veranlaßt, daß die Knospe sich zur Blüte öffnet?

Wer veranlaßt das Küken, seine Schale zu durchbrechen?

Wer bestimmt den Tag und die Stunde?

Es ist das bewußte, natürliche Handeln der innewohnenden Intelligenz, Meiner Intelligenz, gelenkt durch Meinen Willen, der Meine Idee zur Reife bringt und sie in der Blüte und im Küken ausdrückt.

Aber hatten die Blüte und das Küken irgendetwas damit zu tun?

Nein, nur daß sie sich Mir überließen, das heißt, ihren Willen mit Meinem vereinten und Mir und Meiner Weisheit erlaubten, die Stunde und die Reife zum Handeln zu bestimmen; und erst dann, als sie den Impuls Meines Willens zuließen und die nötige Anstrengung machten, konnten sie den neuen Lebensabschnitt beginnen.

Mit deiner Persönlichkeit magst du tausendmal versuchen, die Schale deines menschlichen Bewußtseins zu durchbrechen, es wird dir jedoch nicht gelingen. Denn das ist allein Frucht Meines Wirkens!

Erst wenn du jedes Verlangen nach Erkenntnis, nach Erleuchtung, und nach Vereinigung mit mir, losläßt, kannst du deine Blüte entfalten und die vollkommene Schönheit Meines göttlichen Wesens offenbaren. Nur durch Mich vermagst du die Schale deiner menschlichen Persönlichkeit aufzubrechen und vorwärtszuschreiten in das Licht und die Herrlichkeit Meines Reiches.

Daher gebe Ich dir schon jetzt, zu Beginn deines Weges, diese Anleitungen, damit du erlernen kannst, wie du Mich erkennst. Denn Ich sage dir hier, wenn du dem folgst und dich ernstlich bemühst, Meine hier gegebenen Weisungen zu erfassen und ihnen zu folgen, wirst du Mich sehr bald erkennen, und Ich will dich die ganze Fülle Meines Wortes verstehen lassen, wo immer es geschrieben ist, in Buch oder Lehre, in der Natur oder in deinem Mitmenschen.

In all deinem Suchen und all deinem Bemühen glaube und vertraue mir, deinem wahren Selbst in dir, und sei um die Ergebnisse nicht besorgt; denn die Ergebnisse sind alle in Meiner Obhut, und Ich will für sie Sorge tragen. Deine Zweifel und deine Ängste kommen allein von deiner Persönlichkeit, haben aber schon jetzt keine Macht mehr über dich.

3. 3 ICH - LEBEN - GOTT

Wenn das, was du hier gehört hast, einen Widerhall in dir erweckt hat und deine Seele nach mehr verlangt, dann bist du bereit für das, was folgt.

Es ist gut, wenn deine Persönlichkeit mit ihrem Intellekt dich drängt, so zu fragen und gegen eine Autorität zu rebellieren, die du noch nicht als die Meine erkennst.

In Wirklichkeit veranlasse ICH deine Persönlichkeit, so zu rebellieren. Denn deine Persönlichkeit mit ihrer Individualität wird von mir noch benötigt, um ein Gemüt und einen Körper zu entwickeln, die stark genug sind, damit sie Mich vollkommen ausdrücken können. Ehe du nicht zubereitet worden bist, Mich zu erkennen, ist es für deine Persönlichkeit nur natürlich, so zu zweifeln und zu rebellieren.

In dem Augenblick, da du Meine Autorität anerkennst, hat die Unterminierung der Autorität der Persönlichkeit begonnen. Die Tage ihrer Herrschaft sind gezählt, und du wirst dich mehr und mehr um Hilfe und Führung an Mich wenden.

Darum sei unbeirrt. Lies weiter, und möglicherweise wird die Erkenntnis kommen. Aber wisse: du kannst wählen, zu lesen oder nicht zu lesen. Doch wie du auch wählst, in Wirklichkeit wähle ICH und nicht du.

Für dich, der sich scheinbar entscheidet, nicht weiterzulesen, habe Ich Pläne, und zur rechten Zeit wirst du begreifen, daß bei allem, was du tust oder möchtest oder wünschst, Ich es bin, der dich durch alle Irrtümer und Illusionen der Persönlichkeit führt, damit du dir schließlich ihrer Unwirklichkeit bewußt wirst und dich dann Mir zuwendest als der einen und einzigen Wirklichkeit.

Dann werden diese Worte einen Widerhall in dir finden:

„Sei still! - und wisse - ICH bin - GOTT".

Ja, Ich bin dieses Allerinnerste in dir, das ruhig wartet und beobachtet, weder Zeit noch Raum kennend. Denn Ich bin das Ewige und fülle allen Raum.

Ich wache und warte, bis du mit deinen kleinen menschlichen Torheiten und Schwächen, mit deinen nichtigen Sehnsüchten, Bestrebungen und Klagen fertig geworden bist; denn Ich weiß, das wird zur rechten Zeit kommen. Dann wirst du dich mir zuwenden, müde, entmutigt, leer und demütig, und wirst Mich bitten, die Führung zu übernehmen, ohne zu wissen, daß Ich dich immer geführt habe.

Ich warte hier in dir ruhig darauf. Doch während des Wartens leitete tatsächlich Ich alle deine Wege, inspirierte Ich alle deine Gedanken und Handlungen, indem Ich sie alle unpersönlich so nutzte und handhabe, daß sie schließlich dich und Meine anderen menschlichen Ausdrücke zu einer endgültigen, bewußten Anerkennung von Mir bringen.

Ich bin immer in dir gewesen, tief in deinem Herzen. In allem bin Ich mit dir gewesen, in deinen Freuden und Leiden, deinen Erfolgen und Mißerfolgen, in deinen Irrungen und in deinen Verblendungen gegen deinen Bruder und gegen Gott, - wie du meintest. Ob du geradeaus schrittest, seitwärts abirrtest oder rückwärts gingst - Ich war es, der dich hindurchbrachte. Ich war es, der dich selbst in der Dunkelheit vorwärtsdrängte durch den inneren Impuls deines Selbst. Ich war es, der dich lockte durch eine Vision von Mir in irgendeinem bezaubernden Antlitz oder einem schönen Körper, in einem beglückenden Ereignis oder einer spontanen Einsicht.

Ja, Ich veranlasste dich, alle Dinge zu tun, die du tatest; und wenn du es verstehen kannst: Ich bin es, der alles tut, was du tust, und alles, was dein Bruder tut. Denn das in dir und in ihm, das IST, bin ICH, Mein Selbst. Denn ICH BIN LEBEN.

Ich bin das, was deinen Körper belebt, die Ursache, daß dein Geist denkt und dein Herz schlägt.

Ich bin das Allerinnerste, der Geist, die belebende Ursache deines Seins, allen Lebens, alles Lebendigen, des Sichtbaren wie des Unsichtbaren. Es gibt nichts Totes, denn ICH, der unpersönliche Eine, bin alles, was IST.

Ich bin unendlich und absolut uneingeschränkt. Das Universum ist Mein Körper; alle Intelligenz, die es gibt, entspringt Meinem Geist; alle Liebe, die ist, strömt aus Meinem Herzen; alle Macht, die es gibt, ist nur Mein Wille in Aktion.

Die dreifältige Kraft, die sich als Weisheit, Liebe und Macht oder, wenn du willst, als Licht, Wärme und Energie manifestiert - die alle Formen zusammenhält und hinter und in allen Ausdrücken und Phasen des Lebens steht und wirkt, - diese dreifältige Kraft ist nur die Manifestation Meines Selbst in Aktion oder im Zustand der Stille des Seins.

Nichts kann SEIN, ohne irgendeinen Aspekt Meiner Selbst zu manifestieren und auszudrücken, der Ich nicht nur der Bildner aller Formen bin, sondern auch jeder Form innewohne. Im Inneren einer jeden wohne Ich, im Inneren des Menschen, des Tieres, der Blume, des Steines. Im Inneren von jedem lebe und bewege Ich Mich und habe Mein Sein, und aus dem Inneren eines jeden sende Ich jenen Aspekt Meiner Selbst aus, durch den Ich Mich auszudrücken wünsche und der sich in der sichtbaren Welt als Stein, Blume, Tier oder Mensch darstellt.

„Gibt es also nichts als dieses große ICH? Ist es mir nicht möglich, eine unabhängige Individualität für mich selbst zu sein?" höre Ich dich fragen.

Nein, es gibt nichts, absolut nichts, was nicht ein Teil von Mir wäre, ewig gelenkt und geführt von Mir, der einen unendlichen allumfassenden Wirklichkeit. Deine Individualität, die nichts anderes als deine Persönlichkeit ist, ist es, die dieses begrenzte Sein und Leben als selbständige Existenz träumt.

Sobald du zu dir selbst ganz erwacht bist, wirst du erkennen, daß es keine von Meiner Individualität getrennte Individualität gibt, und alle Persönlichkeit in Meiner göttlichen Unpersönlichkeit aufgeht. Dann du wirst du bald jenen Zustand des Bewußtwerdens erreichen, in dem Mich als dein Selbst wahrnimmst. Dann wirst du dir auch keine von Mir getrennte Individualität mehr wünschen.

3. 4 BEWUSSTSEIN - INTELLIGENZ – WILLE

Ja, Ich kenne die vielen wechselnden Gedanken und Emotionen, die während des Lesens durch dein Gemüt ziehen - die Zweifel und begierigen Fragen, die unbestimmte Furcht, die sich unmerklich in ein Gefühl zunehmender Leichtigkeit des Seins wandelte, und die vage Ahnung, die du instinktiv hinter Meinen Worten verborgen fühlst.

Wieder sage Ich: dieses ICH BIN, das hier spricht, ist dein wirkliches Selbst, und du mußt beim Lesen dieser Worte erkennen, - DU bist es, dein eigenes Selbst, das diese Worte zu deinem menschlichen Bewußtsein spricht, damit du ihren Sinn völlig verstehst.

Ebenso wiederhole Ich: dieses selbe ICH BIN, das Leben und Geist ist, belebt alles Lebendige im Universum, vom winzigsten Atom bis zu den größten Galaxien; dieses ICH BIN ist der lebende Geist in dir wie auch in deinem Bruder und deiner Schwester; und es ist ebenso dieser eine universelle Geist, der bewirkt, daß sich bewegt, was sich bewegt und alles belebt, was lebt und wächst und zu dem wird, was seine Bestimmung ist.

Wenn du in dich gehst und tief in dein Herz hineinfühlst, wirst du spontan verstehen, wie dieses ICH BIN zugleich dein ICH BIN und das ICH BIN deines Bruders sein kann und auch das Bewußtsein des Steines, der Pflanze und des Tieres.

Du wirst dies sogleich erkennen sobald Ich dein Bewußtsein mit einem Licht erleuchtet habe, das die tiefsten Tiefen deines Gemüts erhellen und alle Wolken menschlicher Mißverständnisse, Ideen und

Meinungen, die jetzt noch dein Bewußtsein verdunkeln, vertreiben wird.

So höre aufmerksam zu: ICH bin DU, dein wirkliches Selbst, alles, was du wirklich bist. Was du zu sein denkst, bist du nicht. Das ist nur eine Illusion, ein Schatten des wirklichen DU; das ICH ist, dein unsterbliches, göttliches Selbst.

Ich bin der Brennpunkt des Bewußtseins in deinem menschlichen Gemüt, der sich selbst ICH nennt. Ich bin dieses ICH; aber das, was du dein Bewußtsein nennst, ist in Wirklichkeit Mein Bewußtsein, das sich der Aufnahmefähigkeit deines menschlichen Gemüts anpaßt.

Doch es ist Mein Bewußtsein, und wenn du aus deinem Verstand alle menschlichen Mißverständnisse, Ideen und Meinungen vertreiben und ihn reinigen und gänzlich leer werden lassen kannst, so daß mein Bewußtsein eine Möglichkeit haben kann, sich frei auszudrücken, dann wirst du mich erkennen und wirst wissen, daß du nichts bist - nur ein Brennpunkt meines Bewußtseins, ein Weg oder Mittel, durch das Ich meine Absicht im Materiellen ausdrücken kann.

Vielleicht kannst du das noch nicht sehen und natürlich nicht glauben, ehe Ich dein Gemüt dadurch völlig zubereite, daß Ich deinen Intellekt von dieser Wahrheit überzeuge.

Dir ist gesagt worden, daß jede Zelle deines Körpers ein eigenes Bewußtsein und eine eigene Intelligenz hat. Hätte sie dieses Bewußtsein nicht, könnte sie ihre Arbeit nicht so intelligent ausführen, wie sie es tut.

Jede Zelle ist von Millionen anderer Zellen umgeben, von denen jede ihre Arbeit intelligent ausführt, und jede wird offenbar von dem gemeinsamen Bewußtsein aller dieser Zellen gesteuert. Sie bilden eine Gruppen-Intelligenz, die diese Arbeit leitet und kontrolliert. Diese Gruppen-Intelligenz ist offenbar die Intelligenz des Organs, das diese Zellen in sich faßt. Ebenso gibt es andere Gruppen-Intelligenzen in anderen Organen; jedes von ihnen enthält Millionen anderer Zellen, und alle diese Organe bilden deinen physischen Körper.

Nun weißt du, daß DU die Intelligenz bist, die die Arbeit der Organe deines Körpers steuert, ob bewußt oder unbewußt, und daß jede Zelle von jedem Organ wirklich ein Brennpunkt dieser führenden Intelligenz ist und daß, wenn diese Intelligenz zurückgezogen wird, die Zellen auseinanderfallen, dein physischer Körper stirbt und nicht mehr als ein lebendiger Organismus besteht.

Wer ist dieses DU, das die Funktionen deiner Organe leitet und kontrolliert und demzufolge jede einzelne Zelle, aus denen sie gebildet sind?

Du kannst nicht sagen, dein menschliches oder persönliches Selbst vollbringt dies, denn du aus dir selbst kannst die Funktion von kaum einem einzigen Organ deines Körpers bewußt steuern. Also muß es dieses unpersönliche ICH BIN sein, das DU ist und das dennoch nicht du bist.

Höre! DU, das ICH BIN, stehst zu mir im gleichen Verhältnis, wie das Zell-Bewußtsein deines Körpers zu deinem ICH BIN-Bewußtsein steht.

Du bist sozusagen eine Zelle meines Körpers, und dein Bewußtsein (als eine meiner Zellen) steht zu mir im gleichen Verhältnis wie das Bewußtsein einer deiner Körperzellen zu dir.

Darum muß das Bewußtsein deiner Körperzelle mein Bewußtsein sein, ebenso wie dein Bewußtsein mein Bewußtsein ist. und darum müssen wir Eines sein im Bewußtsein - die Zelle, Du und Ich.

Du kannst jetzt nicht eine einzige Zelle deines Körpers bewußt leiten oder kontrollieren; aber wenn du nach Belieben in das Bewußtsein deines ICH BIN eintreten kannst und seine Identität mit mir erkennst, dann kannst du nicht nur jede Zelle deines Körpers steuern, sondern auch die eines jeden anderen Körpers, die du steuern möchtest.

Was geschieht, wenn dein Bewußtsein die Zellen deines Körpers nicht länger steuert? Der Körper löst sich auf, die Zellen trennen sich, und ihre Arbeit ist zunächst beendet. Aber sterben die Zellen oder verlieren sie das Bewußtsein? Nein, sie schlafen nur oder ruhen eine Weile. Nach einiger Zeit vereinigen sie sich mit anderen Zellen und bilden neue Verbindungen. Früher oder später erscheinen sie in anderen Manifestationen des Lebens - vielleicht im Mineral, vielleicht in der Pflanze, vielleicht im Tier, und es zeigt sich, daß sie ihr ursprüngliches Bewußtsein noch beibehalten und nur den Impuls meines Willens erwarten, sich zu einem neuen Organismus zu vereinigen, um die Arbeit eines neuen Bewußtseins zu tun, durch das Ich mich auszudrücken wünsche.

Ist dann dieses Zell-Bewußtsein offensichtlich ein allen Körpern gemeinsames Bewußtsein - dem Mineral, der Pflanze, dem Tier, dem Menschen -, und ist jede Zelle wohl durch Erfahrung für eine gewisse generelle Art von Arbeit geeignet?

Ja, dieses Zell-Bewußtsein ist allen Zellen in allen Körpern - ganz gleich welcher Art - gemeinsam, weil es ein unpersönliches Bewußtsein ist, das keinen anderen Zweck hat, als die ihm zugeteilte Arbeit auszuführen. Es lebt nur, um zu arbeiten, wo immer es gebraucht wird. Wenn die Gestaltung einer Form abgeschlossen ist, beginnt es eine andere zu bilden, unter welchem Bewußtsein Ich seinen Dienst auch wünsche.

So ist es auch mit dir. Du als eine Zelle Meines Körpers hast ein Bewußtsein, das Mein Bewußtsein ist, eine Intelligenz, die Meine Intelligenz ist, sogar einen Willen, der Mein Wille ist. Du hast keines von diesen für dich selbst oder aus dir selbst. Sie sind alle Mein und nur für Meinen Gebrauch. Mein Bewußtsein, Meine Intelligenz und Mein Wille sind vollkommen unpersönlich. Deshalb sind sie dieselben in dir und in allen Zellen Meines Körpers, ebenso wie in allen Zellen deines Körpers.

ICH BIN, und da Ich ganz unpersönlich bin, müssen Mein Bewußtsein, Meine Intelligenz und Mein Wille, die in dir und in den anderen Zellen Meines Körpers arbeiten und das ICH BIN von dir und von ihnen bilden, unpersönlich arbeiten - geradeso wie sie in den Zellen deines Körpers unpersönlich arbeiten. Darum ist ICH und das ICH BIN von dir und von deinem Bruder und das Bewußtsein und die Intelligenz aller Zellen in allen Körpern EINES.

ICH BIN die leitende Intelligenz von allem, der belebende Geist, das Leben, das Bewußtsein aller Materie, aller Substanz.

Du siehst also: DU - das wirkliche DU, das unpersönliche DU - bist in allem und bist eines mit allem, bist in Mir und eins mit Mir, geradeso wie Ich in dir bin und in allem und dadurch Meine Wirklichkeit durch dich und durch alles ausdrücke.

Wenn du weiterhin meinen Worten folgst und sie sorgfältig überdenkst, wird bald alles klar werden, und Ich werde deinem inneren Verständnis viele wundervolle Wahrheiten erschließen, die jetzt unmöglich für dich zu verstehen sind. Deine Seele wird jauchzen und frohes Lob singen, und du wirst diese Worte segnen um der Botschaft willen, die sie dir bringen.

3. 5 DER SCHLÜSSEL

Jetzt erkennst du vielleicht ICH BIN noch nicht einmal oder glaubst nicht, daß ICH wirklich Du bin und daß ICH ebenso dein Bruder und deine Schwester bin und ihr alle Teile von mir und Eines mit mir seid.

Du kannst vielleicht nicht erkennen, daß deine Seele und die deines Bruders und deiner Schwester, der einzig wirkliche und unvergängliche Teil des sterblichen Du, nur verschiedene Ausdrucksformen von Mir sind in dem, was Natur genannt wird.

Ebenso kannst du vielleicht nicht erkennen, daß du und deine Brüder und Schwestern nur verschiedene Aspekte oder Eigenschaften Meines göttlichen Wesens sind, genauso wie deine menschliche Persönlichkeit mit ihrem sterblichen Körper, Gemüt und Intellekt ein Aspekt deines menschlichen Wesens ist.

Nein, du erfaßt dies noch nicht; dennoch spreche Ich jetzt davon, damit du die Zeichen beachten kannst, wenn sie in deinem Bewußtsein zu erscheinen beginnen, wie es sicher geschieht.

Um diese Zeichen zu erkennen, muß alles jetzt Folgende sorgfältig betrachtet und bedacht werden und sollte nicht übergangen werden, bis Meine Absicht wenigstens bis zu einem gewissen Grad erfaßt worden ist.

Wenn du einmal das Prinzip, das Ich hier darlege, völlig verstehst, wird dir Meine ganze Botschaft klar und verständlich werden.

Zuerst gebe Ich dir den Schlüssel, der jedes Mysterium erschließen wird, das jetzt das Geheimnis Meines Seins vor dir verbirgt. Verstehst du diesen Schlüssel erst einmal zu gebrauchen, wird er die Tür zu aller Weisheit und aller Macht im Himmel und auf Erden öffnen. Ja, er wird das Tor zum Reich des Geistes öffnen, und dann mußt du nur eintreten, um bewußt mit mir Eins zu werden.

Dieser Schlüssel ist:

DENKEN IST ERSCHAFFEN oder: Wie du in deinem Herzen denkst, so ist es mit dir. Halte ein und meditiere darüber, damit es sich deinem Denken fest einpräge.

Ein Denker ist ein Schöpfer.

Ein Denker lebt in der Welt seiner eigenen bewußten Schöpfung.

Wenn du erst weißt, wie zu denken, kannst du willentlich alles erschaffen, was du wünschst - sei es eine neue Persönlichkeit, eine neue Umgebung oder eine neue Welt. Laß uns sehen, ob du nicht einige Wahrheiten erfassen kannst, die dieser Schlüssel verbirgt und beherrscht.

Dir wurde gezeigt, wie alles Bewußtsein Eines ist und wie es alles Mein Bewußtsein ist und doch auch deines und ebenso das des Tieres, der Pflanze, des Steines und der unsichtbaren Zelle.

Du hast gesehen, wie dieses Bewußtsein durch Meinen Willen gelenkt wird, der die unsichtbaren Zellen veranlaßt, sich zu vereinigen und die mannigfaltigen Organismen zu formen für den Ausdruck und Gebrauch der verschiedenen Intelligenz-Zentren, durch die Ich Mich auszudrücken wünsche.

Aber du kannst noch nicht verstehen, wie du das Bewußtsein der Zellen deines eigenen Körpers leiten und kontrollieren kannst, ganz zu schweigen von dem anderer Körper, auch wenn du und Ich und sie alle in Bewußtsein und Intelligenz eins sind.

Dadurch jedoch, daß du dem Folgenden besondere Aufmerksamkeit schenkst, wirst du dies bald verstehen können.

Hast du dir je die Mühe gemacht, zu ergründen, was Bewußtsein ist? Wie es ein unpersönlicher Zustand des Wahrnehmens zu sein scheint, des Wartens, um zu dienen oder gelenkt oder benutzt zu werden von irgendeiner Macht, die latent im Bewußtsein liegt und ihm zutiefst eigen ist?

Wie der Mensch nur der höchste Typ von Organismus zu sein scheint, der dieses Bewußtsein enthält, das durch diese in ihm selbst liegende Macht geleitet und benutzt wird? Daß diese Macht - latent in des Menschen Bewußtsein und in allem Bewußtsein - nur Wille ist, Mein Wille? Denn du weißt, daß alle Macht nur die Manifestation Meines Willens ist.

Dir ist gesagt worden, daß Ich im Anfang den Menschen zu „meinem Bild und mir gleich" erschuf; dann blies Ich den Atem des Lebens in ihn, und er wurde eine lebendige Seele.

Ich erschuf den Menschen zu meinem Bild und Mir gleich und damit einen Organismus, fähig, Mein ganzes Bewußtsein und Meinen ganzen Willen auszudrücken, - das bedeutet ebenso: alle Meine Macht, Meine Intelligenz und Meine Liebe. Darum machte Ich diesen Organismus im Anfang vollkommen, ihn nach Meiner eigenen Vollkommenheit gestaltend.

Als Ich in des Menschen Organismus meinen Atem blies, wurde er mit Mir lebendig; denn also war es: Ich blies in ihn Meinen Willen nicht von außen, sondern von innen - aus dem inneren Reich des Geistes, wo Ich immer bin. Von nun an atmete und lebte Ich und hatte Mein Sein im Inneren des Menschen, denn allein für diesen Zweck erschuf Ich ihn zu meinem Ebenbild und mir gleich.

Der Beweis dafür ist: der Mensch atmet nicht aus sich selbst und kann es nicht. Etwas weit Größeres als sein bewußtes natürliches Selbst lebt in seinem Körper und atmet durch seine Lungen. Eine mächtige Kraft in seinem Körper gebraucht so die Lungen; ebenso benutzt sie das Herz, um das Leben-erhaltende Blut zu zwingen, durch die Lungen in jede Zelle des Körpers einzudringen. Sie benutzt den Magen und andere Organe, um Speisen zu verdauen und zu assimilieren, um Blut, Gewebe, Haar und Knochen zu bilden. So gebraucht sie das Gehirn, die Zunge, die Hände und Füße, um zu denken, zu sprechen und all das zu tun, was der Mensch tut.

Diese Kraft ist mein Wille, im Menschen zu sein und zu leben.

Darum - was der Mensch auch immer, ist, bin Ich, was der Mensch auch tut oder du tust, tue Ich; und was du auch immer sagst oder denkst, das sage oder denke Ich durch deinen Organismus.

Dir wurde auch gesagt, als der Mensch so von meinem Atem in Besitz genommen wurde, wurde ihm die Herrschaft über alle Bereiche der Erde gegeben. Das bedeutet: er wurde zum Herrn gemacht über die Erde, das Meer, die Luft und die Äther,- und alle Wesen, die in diesen Reichen lebten, erwiesen ihm Ehre und waren seinem Willen untertan.

Dies war natürlich so; denn Ich in des Menschen Bewußtsein und in allem Bewußtsein manifestiere immer Meinen Willen; und Ich, der Herr und Regent in des Menschen Organismus, bin ebenso Herr und Regent aller Organismen, in denen Bewußtsein wohnt.

Da alles Bewußtsein Mein Bewußtsein ist und da es überall wohnt, wo Leben ist, und weil es keine Substanz gibt, in der kein Leben ist, muß folglich Mein Bewußtsein in allem sein - in der Erde, im Wasser, in der Luft und im Feuer; und darum muß es allen Raum füllen. Tatsächlich ist es Raum oder was der Mensch Raum nennt.

Also muß Mein Wille - da er die latente Macht in allem Bewußtsein ist - überall hinreichen. Darum muß des Menschen Wille, der nur ein Brennpunkt Meines Willens ist, auch überall hinreichen. Folglich ist das Bewußtsein aller Organismen, einschließlich seines eigenen, unter des Menschen Leitung und Kontrolle.

Er braucht dies nur bewußt zu verwirklichen - zu verwirklichen, daß ICH, das unpersönliche Selbst in ihm, unaufhörlich das Bewußtsein aller Organismen jeden Augenblick an jedem Tag seines Lebens leite, kontrolliere und benutze.

Das tue Ich über und durch sein Denken.

Ich tue es mit und durch des Menschen Organismus. Der Mensch denkt, er denke. Aber ich bin es - sein wirkliches ICH -, der durch seinen Organismus denkt. Durch dieses Denken und sein gesprochenes Wort führe Ich alles aus, was der Mensch tut, und mache den Menschen und seine Welt ganz zu dem, was sie sind.

Es ist nicht von Bedeutung, wenn der Mensch und seine Welt nicht das sind, wofür er sie hält. Sie sind genau das, wozu Ich sie für Meinen Zweck erschuf.

„Aber wenn 'ICH' alles denkt, denkt der Mensch nicht und kann es nicht", höre Ich dich sagen. Ja, hier scheint ein Geheimnis zu sein; aber es wird dir enthüllt werden, wenn du das Folgende sorgfältig beachtest. Denn jetzt werde Ich dich - Mensch - lehren, wie du denken sollst.

3. 6 DENKEN UND ERSCHAFFEN

Ich habe gesagt, daß der Mensch nicht denkt, daß Ich in ihm es bin, der sein Denken denkt.

Ich habe auch gesagt, der Mensch denkt, er denke.

Da dies ein scheinbarer Widerspruch ist, muß Ich dir jetzt zeigen, daß der Mensch im allgemeinen nicht denkt, so wenig er sonst irgendetwas tut, was er zu tun glaubt.

Denn Ich in ihm tue alles, was er tut; aber Ich tue es notwendigerweise durch seinen Organismus, durch seine Persönlichkeit, seinen Körper, sein Gemüt und seine Seele.

Ich will aufzeigen, wie das sein kann.

Versuche zuerst dir vorzustellen, daß Ich dich als Mein Bild und Mir gleich erschuf und daß Ich Mein Wesen in dir habe. Selbst wenn du dies jetzt noch nicht weißt und wenn du glaubst, daß Ich, Gott, irgendwo außerhalb bin und daß wir getrennt sind, versuche zunächst dir vorzustellen, daß Ich in dir bin.

Danach stelle dir vor, daß das, was du tust, wenn du denkst, nicht wirkliches Denken ist, weil es kein bewußtes Denken ist; denn du bist dir Meiner nicht bewußt, des Inspirators und Leiters von jeder Idee und von jedem Gedanken, die in dein Gemüt gelangen.

Dann erkenne: weil Ich in dir bin und du Mein Bild und Mir gleich bist und darum alle Meine Fähigkeiten besitzt, hast du die Macht des Denkens. Aber da du dir nicht bewußt bist, daß Denken Erschaffen ist und daß es eine Meiner göttlichen Kräfte ist, die du anwendest, hast du zwar dein Leben lang gedacht, aber es ist alles ein Fehl-Denken gewesen oder, was du irriges Denken nennen würdest.

Und dieses irrige Denken, dieses Nichtwissen, daß es Meine Kraft ist, die du also falsch angewendet hast, hat dich im Bewußtsein weiter und weiter von Mir entfernt; dabei erfülltest du jedoch all die Zeit Meinen Plan, was dir später offenbar werden wird.

Der Beweis dafür ist: du denkst, daß du von Mir getrennt bist, daß du in einer materiellen Welt lebst, daß dein physischer Körper Freude und Schmerz erfährt und beherbergt und daß ein böser Einfluß, genannt das „EGO", sich, Meinem Willen entgegenstellend, in der Welt manifestiert.

Ja, du denkst, alle diese Dinge sind so. Sie sind es - für dich; denn dem sterblichen Bewußtsein des Menschen ist alles, was ist, so, wie er es denkt oder glaubt.

Auf diese Weise habe Ich bewirkt, daß alles sich dem Menschen so darstellt, wie er es sich denkt. Auch dies geschieht, um Meinem Plan zu entsprechen und das Gesetz des Erschaffens zu erfüllen.

Laß uns sehen, ob das wahr ist.

Wenn du glaubst, etwas ist so, ist es dann nicht wirklich so - für dich?

Ist es nicht wahr, daß etwas - Sünde oder sogenanntes Böses, Sorge, Unruhe oder Verdruß - dir als wirklich erscheint, nur weil dein Denken oder Dafürhalten es dazu macht? Andere mögen es völlig anders sehen und deine Ansicht davon für töricht halten. Nicht wahr?

Wenn das wahr ist, dann sind dein Körper, deine Persönlichkeit, dein Charakter, deine Umgebung, deine Welt, was sie dir zu sein scheinen, weil du sie in ihren gegenwärtigen Zustand gedacht hast.

Deshalb kannst du sie durch den gleichen Prozeß ändern, wenn sie dir nicht gefallen; dadurch, daß du sie so denkst, kannst du aus ihnen machen, was du willst. Nicht wahr?

„Aber wie kann man denn richtig denken, bewußt denken, damit diese Änderung zustande kommt?", fragst du.

Wisse zuerst, daß ICH, dein wirkliches Selbst, vorsätzlich deine Aufmerksamkeit auf diese Dinge lenkte, die dir jetzt mißfallen und die dich veranlassen, von ihnen so zu denken, wie sie dir jetzt zu sein scheinen. Ich - und nur Ich bereite so dein menschliches Gemüt vor, damit Ich dich, wenn du dich in dauerndem Glauben und Vertrauen nach innen zu Mir wendest, befähigen kann, die Wirklichkeit dieser Dinge, die dir nun so unbefriedigend zu sein scheinen, zu erkennen und nach außen zu manifestieren.

Denn Ich bringe alles zu dir, was durch seinen äußeren Anschein dein menschliches Gemüt in seinem irdischen Suchen weiter anziehen oder locken kann. Ich bringe es zu dir, um dich über das Illusorische aller äußeren Erscheinung des Materiellen für das menschliche Gemüt zu belehren und über die Fehlbarkeit allen menschlichen Verstehens, damit du dich schließlich nach innen wendest zu Mir und Meiner Weisheit als dem Einen und Einzigen Deuter und Führer.

Wenn du dich so nach innen zu Mir gewendet hast, will Ich deine Augen öffnen und dich sehen lassen, daß der einzige Weg, diese Änderung im Denken je zu vollbringen, der ist, daß du zuerst deine Einstellung änderst gegenüber all diesen Dingen, von denen du jetzt denkst, sie seien nicht so, wie sie sein sollten.

Das heißt: wenn sie unbefriedigend oder widerwärtig für dich sind und so auf dich einwirken, daß sie Unbehagen des Körpers oder Beunruhigung des Gemüts verursachen - nun, höre auf zu denken, daß sie dich so beeinflussen oder beunruhigen können.

Denn wer ist der Meister - dein Körper, dein Gemüt oder DU, das ICH BIN im Inneren?

Warum beweist du dann nicht, daß DU der Meister bist dadurch, daß du das Wirkliche denkst, was das ICH BIN in dir durch dich zu denken wünscht?

Nur weil du diese anderen Dinge denkst und dadurch unharmonischen Gedanken erlaubst, in dein Gemüt einzudringen, und ihnen so die Macht gibst, dich zu belästigen oder zu stören, haben sie solchen Einfluß auf dich. Sobald du aufhörst, diese Macht in sie hineinzudenken, und dich zu Mir im Inneren wendest und Mir erlaubst, dein Denken zu lenken, werden sie sofort aus deinem

Bewußtsein verschwinden und sich in das Nichts auflösen, aus dem du sie durch dein Denken erschufst.

Wenn du hierzu bereit bist, dann und nur dann bist du fähig, die Wahrheit zu empfangen und durch richtiges, bewußtes, von Mir gelenktes Denken die wahren und bleibenden Dinge zu erschaffen, wie Ich in dir das wünsche.

Wenn du so das Wahre vom Falschen, das Wirkliche vom Schein unterscheiden kannst, dann wird dein bewußtes Denken ebenso machtvoll alles Gewünschte erschaffen, wie dein unbewußtes Denken in der Vergangenheit all das erschuf, was du einst wünschtest, nun aber verabscheust.

Denn durch dein unbewußtes Denken oder weil dein Denken sich nicht bewußt war, wie deine Wünsche deine schöpferische Kraft steuern, sind deine Welt und dein Leben jetzt so, wie du sie irgendwann in der Vergangenheit wünschtest.

Hast du je den Vorgang studiert und analysiert, wie dein Gemüt reagiert, wenn eine neue, an Möglichkeiten reiche Idee auftaucht?

Hast du den Zusammenhang beobachtet, in dem der Wunsch zu einer solchen Idee steht, und wie durch Denken diese Idee sich schließlich tatsächlich erfüllt?

Laß uns diesen Zusammenhang und den Vorgang untersuchen.

Immer ist zuerst die Idee da, ungeachtet der Notwendigkeit oder des Anlasses, in diesem Augenblick zu erscheinen. Es ist gleich, woher die Idee kommt, von innen oder außen; denn immer gebe Ich sie ein oder verursache, daß sie dein Bewußtsein gerade in diesem Augenblick beeindruckt.

Genau in dem Ausmaß, wie du still wirst und deine Aufmerksamkeit auf diese Idee konzentrierst, indem du alle Betriebsamkeit deines Gemüts beruhigst und alle anderen Ideen und Gedanken aus deinem Bewußtsein ausschaltest, damit diese Idee sich voll auswirken kann, - genau in dem Ausmaß erleuchte Ich dein Denken und bewirke, daß sich vor deinem geistigen Blick die verschiedenen Aspekte und Möglichkeiten entfalten, die dieser Idee innewohnen.

Bis zu diesem Punkt geschieht das jedoch völlig ohne dein Wollen, außer daß du deine Aufmerksamkeit auf die Idee richtest oder konzentrierst.

Habe Ich erst einmal deinem menschlichen Gemüt einen Ausblick auf seine Möglichkeiten gegeben und dein Interesse gewonnen, dann nimmt deine menschliche Persönlichkeit ihre Aufgabe auf. Denn ebenso wie Ich in deinem Gemüt die Idee erschuf und inspirierte, so bewirkte Ich, daß diese Idee darin Frucht trug und den Wunsch gebar - den Wunsch, alle Möglichkeiten der Idee nach außen zu manifestieren. So wurde der Wunsch zum irdischen Vermittler Meines Willens und wurde zur bewegenden Kraft, geradeso wie die menschliche Persönlichkeit das sterbliche Instrument ist, das gebraucht wird, um diese Kraft zu fassen und Brennpunkt werden zu lassen.

So kommen alle Ideen und Wünsche allein von Mir.

Sie sind Meine Ideen und Meine Wünsche, die Ich deinem Gemüt und Herzen eingebe, um sie durch dich nach außen zu manifestieren.

Aus dir selbst hast du keine Ideen und kannst unmöglich einen Wunsch haben, der nicht von Mir käme; denn Ich bin alles, was Ist.

Darum sind alle Wünsche gut, und wenn sie so verstanden werden, kommen sie unfehlbar zu schneller und vollkommener Erfüllung.

Du magst Meine Wünsche, Mein Drängen von innen, falsch deuten und versuchen, sie für deinen eigenen selbstsüchtigen Zweck zu gebrauchen; aber gerade während Ich dies zulasse, erfüllen sie doch Meinen Zweck. Denn nur dadurch, daß Ich dich Meine Gaben mißbrauchen lasse, und durch das Leiden, das solcher Mißbrauch schafft, kann Ich dich zu dem reinen und selbstlosen Kanal machen, den Ich für den vollkommenen Ausdruck Meiner Ideen brauche.

So haben wir zuerst die Idee im Sinn, dann den Wunsch, die Idee in den äußeren Ausdruck zu bringen. Soviel zu dem Zusammenhang.

Nun zu dem Vorgang der Verwirklichung.

Entsprechend der Bestimmtheit, mit der das Bild der Idee im Sinn festgehalten wird, und entsprechend dem Ausmaß, in dem die Idee von der Persönlichkeit Besitz ergreift, setzt ihre schöpferische Kraft, vom Wunsch getrieben, ihr Werk fort. Das tut sie dadurch, daß sie das menschliche Gemüt zwingt, mentale Formen auszudenken oder sich vorzustellen oder - mit anderen Worten - zu bilden, in die Ich wie in ein Vakuum die unpersönliche, elementare, lebendige Substanz der Idee gießen kann. Wenn das Wort gesprochen ist - ob still oder hörbar, bewußt oder unbewußt - beginnt diese Substanz sofort, sich dadurch zu materialisieren, daß sie zuerst das Bewußtsein und alle Tätigkeiten sowohl des Gemüts als auch des Körpers lenkt und kontrolliert und auch das aller Gemüter und Körper, die mit der Idee verbunden sind oder zu ihr in Beziehung stehen. Denn erinnere dich:

Alles Bewußtsein, alle Gemüter und alle Körper sind Mein und sind nicht getrennt, sondern sind Eins und ganz unpersönlich. Indem dann die Umstände, Dinge und Ereignisse so angezogen, geführt, gebildet und geformt werden, kommt früher oder später die Idee tatsächlich in endgültige, materielle Manifestationen.

So war alles, jeder Zustand, jedes Ereignis, was je geschah, zuerst eine Idee im Geiste. Durch Wünschen, durch Denken und durch Aussprechen des Wortes kamen diese Ideen in sichtbare Manifestation.

Denke darüber nach und erprobe es selbst.

Wenn du willst, kannst du das dadurch tun, daß du eine Idee, die kommt, aufnimmst und ihr durch den oben beschriebenen Prozeß bis zur Verwirklichung folgst. Oder verfolge eine außerordentliche Leistung zurück, die du vollbracht hast, - ein Bild, das du gemalt, eine Maschine, die du erfunden hast, irgendeine besondere Sache oder einen Zustand, die jetzt bestehen, - bis zu der Idee, aus der sie entstanden.

Dies ist Plan und Verlauf allen richtigen Denkens und darum allen Erschaffens.

Höre! Du hast jetzt - und hattest immer - durch diese Macht des Denkens Herrschaft über alle Reiche der Erde.

Wenn du das nur weißt: Du brauchst jetzt, in diesem Augenblick, nur zu denken und das Wort zu sprechen, indem du deine Macht anerkennst und anerkennst, daß Ich, Gott, dein allwissendes, allgegenwärtiges, allmächtiges Selbst, die Ergebnisse hervorbringen werde; und das wartende Bewußtsein der unsichtbaren

Zellen aller Materie, auf die dein Wille und deine Aufmerksamkeit gerichtet werden – dieses wartende Bewußtsein, erinnere dich, ist Mein Bewußtsein – wird unmittelbar beginnen zu gehorchen und genau entsprechend dem Bild oder den Plänen handeln, die du durch dein Denken geschaffen hast.

Denn alles wird durch das Wort erschaffen, und ohne das Wort wurde nichts erschaffen, was erschaffen wurde.

Wenn du dies einmal erfaßt hast und auch erkennst, daß das ICH BIN-Bewußtsein in dir mit dem Bewußtsein aller beseelten und unbeseelten Materie eins ist und daß sein Wille eins ist mit deinem Willen, der Mein Wille ist, und daß alle deine Wünsche Meine Wünsche sind, dann wirst du Mich in dir zu erkennen und zu fühlen beginnen und wirst die Macht und Herrlichkeit Meiner Idee anerkennen, die sich ewig unpersönlich durch dich ausdrückt.

Aber zuerst mußt du unbedingt lernen, wie denken, wie du deine Gedanken, die von Mir geleiteten, unterscheiden kannst von den Gedanken anderer, wie Gedanken zurückzuverfolgen sind bis zu ihrem Ursprung und wie unerwünschte willentlich aus deinem Bewußtsein zu vertreiben sind – und schließlich, wie deine Wünsche zu kontrollieren und nutzbar zu machen sind, so daß sie dir immer dienen, anstatt daß du ihr Sklave bist.

Alle Möglichkeiten hast du in dir – denn da bin Ich.

Meine Idee muß sich ausdrücken, und sie muß sich durch dich ausdrücken. Sie wird sich vollkommen ausdrücken, - wenn du es nur zuläßt, wenn du nur dein menschliches Gemüt beruhigst, alle persönlichen Ideen, Glaubensvorstellungen und Meinungen beiseite legst und Meine Idee hervorströmen läßt. Alles, was du tun mußt, ist das: wende dich an Mich im Inneren und laß Mich dein Denken und deine Wünsche leiten, laß Mich ausdrücken, was immer Ich will, indem du persönlich annimmst und tust, was Ich von dir erwarte. Dann werden deine Wünsche sich erfüllen; dein Leben wird eine einzige Harmonie, deine Welt ein Himmel, und dein Selbst wird eins mit Meinem Selbst. Wenn du begonnen hast, dies anzuerkennen, und wenn du flüchtig etwas von seinem inneren Sinn erblickt hast, dann wirst du fähig sein, die wirkliche Bedeutung dessen, was folgt, zu erfassen.

3.7 DAS WORT

Wir wollen nun den Schlüssel nehmen und dir zeigen, wie durch den eben beschriebenen Plan und Prozeß die Welt entstand, wie die

Erde und alles, was in und auf ihr ist, dich und deine Brüder und Schwestern eingeschlossen, nur die äußeren Manifestationen einer Idee sind - Meiner Idee -, die jetzt den Prozeß durchläuft, in den Lebensausdruck gedacht zu werden.

ICH, der Schöpfer, bin der ursprüngliche Denker, der eine und einzige Denker.

Wisse dies zuerst.

Wie schon erklärt wurde, der Mensch denkt nicht - durch seinen Organismus denke Ich.

Der Mensch meint, er denke; aber bevor er zur Anerkennung von Mir in sich erwacht ist, nimmt er nur die Gedanken auf, die Ich in sein Gemüt ziehe oder inspiriere, und indem er ihre wahre Bedeutung und Absicht mißversteht, setzt er eine persönliche Konstruktion auf sie, und durch die so erweckten eigennützigen Wünsche schafft er sich selbst alle seine Schwierigkeiten und verursacht all sein Leid.

Diese scheinbaren Fehler, falschen Konstruktionen und Eingriffe des Menschen sind in Wirklichkeit nur die Hindernisse auf seinem Weg, die überwunden werden müssen, damit er durch ihre Überwindung schließlich einen Körper und ein Gemüt entwickeln kann, stark, klar und fähig genug, um vollkommen und bewußt Meine Idee auszudrücken, die ewig in seiner Seele wirkt.

Also ist der Mensch nur der Organismus, den Ich so zubereite, um durch ihn die Vollkommenheit Meiner Idee zu offenbaren. Er schafft durch die Persönlichkeit mit ihrem Körper, Gemüt und Intellekt die Möglichkeit, durch die Ich diese Idee vollkommen ausdrücken kann.

Das physische Gehirn ist die Voraussetzung, daß Ich die Idee denken und in den äußeren Ausdruck sprechen kann.

Ich pflanze in des Menschen Gehirn eine Idee - irgendeine Idee.

Diese Idee würde wachsen, sich entwickeln und schnell zur vollständigen äußeren Erfüllung reifen - wenn der Mensch das nur geschehen ließe, sein Gemüt und all seine Gedanken, sein Herz und all seine Wünsche ganz Mir übergeben würde und Mich als die vollkommene Erfüllung dieser Idee hervorkommen ließe.

Jetzt will Ich in dein Gehirn-Denken eine Idee pflanzen. Möge sie wachsen, sich entwickeln und zur herrlichen Ernte der Weisheit ausreifen, die dich erwartet - wenn du Mich ihr Wachstum und ihren Ausdruck durch dich lenken läßt.

In einer Meiner anderen Offenbarungen, in der Bibel, wird euch viel über „Das Wort" gesagt; aber sehr wenige selbst unter den besten Bibelkennern verstehen Meine Absicht.

Euch wird gesagt: „Im Anfang war das Wort, und das Wort war in Gott, und das Wort war Gott. Dasselbe war im Anfang in Gott. Alle Dinge wurden durch IHN - durch DAS WORT - gemacht, und ohne IHN - DAS WORT - wurde nichts gemacht, was gemacht wurde."

Hieraus sollt ihr lernen, wie im Anfang Mein Wort war, wie es in Mir war und wie es ICH war, Mein Selbst, wie alles durch Mich und durch Mein Wort erschaffen wurde, und daß ohne Mich und Mein Wort nichts erschaffen wurde, was jetzt existiert.

Nun, dem menschlichen Verständnis ist ein Wort das Symbol einer Idee; das heißt: es bedeutet eine Idee, verkörpert sie und stellt sie dar.

Du bist ein Wort, das Symbol einer Idee - kannst du das verstehen? Ebenso ist es bei einem Diamanten, einem Veilchen, einem Pferd.

Wenn du die Idee hinter dem Symbol erkennen kannst, dann kennst du die Seele oder die Wirklichkeit der Manifestation, die als Mensch, als Diamant, als Pferd, als Veilchen in Erscheinung tritt.

Darum bedeutet ein Wort, das, wie oben beschrieben, gebraucht wird, eine Idee, - eine unentwickelte und nicht offenbare Idee, die jedoch darauf wartet, in dieser oder jener Form ausgedrückt oder gedacht und ausgesprochen zu werden.

Das Wort, das im Anfang war und das in Mir war, war so nicht nur eine Idee, sondern es war der Ausdruck Meiner Idee von Meinem Selbst in einem neuen Zustand oder unter einer neuen Bedingung, die du Erdenleben nennst. Diese Idee war Ich, Mein Selbst, weil sie Teil von Mir war, bisher in Mir noch unentwickelt und nicht offenbar; denn sie war von der Substanz und Essenz Meines Seins, das selbst eine Idee ist, die eine Original-Idee.

Durch die lebendige Tätigkeit Meiner Idee erschuf Ich alles, indem es in den Ausdruck gedacht und gesprochen wurde. Nichts im irdischen Leben konnte oder kann je ausgedrückt werden, ohne daß es

Meine Idee als primäre und fundamentale Ursache und als Prinzip seines Seins hat.

Meine Idee ist also jetzt im Prozeß der Entfaltung, mit anderen Worten: sie wird in den äußeren Ausdruck gedacht - einige nennen das Evolution. So ist es bei der Blume, wenn die Knospe aus dem Stiel hervortreibt und sich schließlich zur Blüte öffnet - sie gehorcht dem Drängen, Meine Idee auszudrücken, die in ihrer Seele verborgen ist.

Geradeso will Ich alle Meine Ausdrucksformen entwickeln und entfalten; vereinigt und vollständig werden sie schließlich Meine Idee in aller Herrlichkeit ihrer Vollkommenheit aus ihren Seelen herausbilden.

Um Meine Idee auszudrücken, bedürfen diese Formen gegenwärtig vieler Arten von Sprachen, von der einfachsten bis zur kompliziertesten, zusammengesetzt aus einer fast unendlichen Zahl von Worten.

Aber wenn Ich Meine Idee völlig zu Ende gedacht oder Meine vielen Ausdrucksformen vervollkommnet habe, dann wird Meine Idee aus jedem Wort hervorleuchten, weil jedes tatsächlich ein vollkommener Teil oder ein vollkommener Aspekt Meiner Idee ist, alle so gewählt und geordnet, daß sie wirklich wie ein Wort sein werden, das die erhabene Bedeutung Meiner Absicht ausstrahlt.

Dann werden alle Sprachen in eine Sprache aufgegangen sein und alle Worte in ein Wort; denn alle Formen werden Fleisch geworden sein und alles Fleisch ein Fleisch: die jetzt vollendete Form für den vollkommenen Ausdruck Meiner Idee in einem Wort - Mein Selbst.

Dann wird Mein SELBST, nunmehr fähig, durch diese vollendeten Worte ausgedrückt zu werden, durch seine Ausdrucksformen hindurchstrahlen, durch die Persönlichkeit, ihren Körper, ihr Gemüt und ihren Intellekt; und das Wort wird Fleisch geworden sein oder es wird das Fleisch SEIN.

Das bedeutet: Alle Worte werden sich durch die erneuernde Kraft Meiner innewohnenden Idee durch das Fleisch entwickelt haben.

Dabei haben sie es gewandelt und vergeistigt, geläutert und so transparent gemacht, daß in der Persönlichkeit nichts mehr von irdischer Natur zurückgeblieben sein wird, was den unpersönlichen Ausdruck hindert. Dann kann Mein Selbst vollkommen hervorleuchten und rundum offenbar werden. So verschmelzen wiederum alle Worte und alles Fleisch in ein Wort, DAS WORT, das im Anfang war und das dann durch alles erschaffene Fleisch leuchten wird als die SONNE DER HERRLICHKEIT - der CHRISTUS GOTTES. Das wird die Parusie genannt!

Dies ist Plan und Sinn Meiner Schöpfung und alles Erschaffenen.

Im Folgenden gebe ich einen Einblick in den Prozeß Meiner Schöpfung, oder wie Ich die Idee von Meinem Selbst in den Erdausdruck denke.

3. 8 MEINE IDEE

Ich sagte dir, daß die Erde und alles, was zu ihr gehört, nur die äußere Manifestation Meiner Idee ist. Sie befindet sich jetzt in dem Prozeß, in den vollendeten Ausdruck gedacht zu werden.

Ich zeigte dir, daß allem Erschaffenen Meine Idee zugrunde liegt, daß sie beides ist, Ursache und Anlaß für alle Manifestationen, du selbst und deine Brüder und Schwestern eingeschlossen, die alle durch Mich, den einen ursprünglichen Denker und Schöpfer, in Existenz gedacht worden sind.

Wir wollen nun diese Idee von Anfang an durch ihre verschiedenen Stadien des Erd-Ausdrucks verfolgen wie auch den Prozeß Meines Denkens, der diese Idee in ihren gegenwärtigen Zustand bringt.

Wenn du sorgfältig alles Folgende beachtest und Mir in dir erlaubst, alle deine Betrachtungen über die innere Bedeutung Meiner Idee zu leiten, werde Ich dir nicht nur zeigen, wie du durch Denken irgendetwas erschaffen kannst, was du erschaffen möchtest, sondern auch, wie du ins Dasein kamst und in deinen gegenwärtigen Zustand der Manifestation.

Im Anfang, beim Heraufdämmern eines neuen kosmischen Tages, als das Weltbewußtsein gerade im Erwachen war und die Stille der kosmischen Nacht noch vorherrschte, empfing ICH, der Denker, Meine Idee.

Diese Idee von Meinem Selbst, das sich in einem neuen Zustand als Erd-Ausdruck offenbarte, sah Ich vollendet dargestellt im Spiegel Meines allwissenden Geistes.

In diesem Spiegel sah ich die wirkliche Erde, die strahlend im Kosmos hervorleuchtet, - ein vollendeter Himmelskörper, auf dem alle die unendlichen Aspekte, Eigenschaften und Kräfte Meiner göttlichen Natur durch die Wesenheiten des Lichts vollendeten Ausdruck finden; sie sind die lebendigen Boten Meines Willens, Mein Fleisch gewordenes Wort, so wie es in der geistigen Welt des Ewigen ist.

Ich sah Mein Selbst sich nach außen als Natur offenbaren und Mein Leben als das anregende und entwickelnde Prinzip hinter aller Manifestation. Ich sah Liebe, die göttliche, schöpferische Macht, als die beseelende und belebende Kraft hinter allem Leben und Meinen Wunsch, dieser Liebe, der potentiellen und wirklichen Ursache und Veranlassung für die Geburt Meiner Idee, vollendeten Ausdruck zu geben.

All dies sah Ich gespiegelt in Meinem allsehenden und allwissenden Geist, der nur die Seele der Dinge oder ihre Wirklichkeit sehen und reflektieren kann. Darum war das, was Ich in Meinem Geist dargestellt sah, tatsächlich die wirkliche Erde, ihr Anfang, ihre Zeugung ins kosmische Sein.

Höre: Mein Bewußtsein ist die innere Essenz von allem Raum und allem Leben. Es ist die wirkliche Substanz Meines alles-umfassenden und alles-enthaltenden Geistes. Sein informierendes und belebendes Zentrum ist überall, seine geistige und räumliche Begrenzung nirgends. Allein im Reich Meines Geistes lebe und wirke Ich und habe Mein Sein. Er enthält und er erfüllt alle Dinge, und jede seiner Vibrationen und Manifestationen ist Äußerung irgendeines Aspektes Meines Seins.

Sein bedeutet ausdrücken, mit anderen Worten: in Erscheinung treten. Du kannst dir „Sein" nicht ohne Ausdruck vorstellen. Darum drücke Ich, der alles ist, dauernd und unaufhörlich aus.

Drücke was aus?

Was könnte Ich anderes ausdrücken, als Mein Selbst, da Ich alles bin, was ist?

Mich - Mein Selbst - kannst du noch nicht sehen oder verstehen, aber du kannst verstehen, wenn Ich dich mit einer Idee inspiriere.

Da Ich alles bin, was ist, muß also diese Idee, die unmittelbar von Mir kommt, Teil oder Aspekt Meines Selbst im Sein oder im Ausdruck sein.

Jede Idee - einmal im Reich Meines Geistes geboren - wird unmittelbar Wirklichkeit, denn in der Ewigkeit Meines Seins gibt es keine Zeit. In dir jedoch erschafft eine Idee zuerst einen Wunsch, den Wunsch, diese Idee auszudrücken. Dann erzwingt der Wunsch das Denken, Denken verursacht Tätigkeit, und Tätigkeit bringt Ergebnisse hervor - die Idee in tatsächlicher äußerer Erscheinung.

In Wirklichkeit habe Ich keinen Wunsch, denn alles bin Ich, und alles ist aus Mir. Ich brauche nur zu denken und das Wort zu sprechen, um Ergebnisse hervorzurufen. Doch ist der Wunsch, den du in dir fühlst, von Mir, weil er aus Meinem Geiste (dem Logos) in Form einer Idee geboren ist. Ich pflanzte sie nur deshalb in dein Gemüt, damit sie durch dich in den Ausdruck käme. Was du auch wünschst - es kommt von Mir: Ich klopfe an die Tür deines Gemüts und kündige Meine Absicht an, Mein Selbst in dir oder durch dich zu offenbaren in der besonderen Weise, die durch diesen Wunsch angezeigt wurde.

Was die Persönlichkeit des Menschen Wunsch nennt, ist aber die notwendige Aktion Meines Willens, der den Ausdruck Meiner Idee in die äußere Erscheinung, d. h. ins Dasein bringt.

Was dir in Mir ein Wunsch nach Ausdruck zu sein scheint, ist jedoch die Notwendigkeit Meiner Idee von Meinem Selbst, zu sein oder sich auszudrücken.

Darum kommt jeder wirkliche Wunsch, den du fühlst, jeder Wunsch deines Herzens, von Mir und muß notwendigerweise irgendwann in der einen oder anderen Form erfüllt werden.

Jedoch, da ICH keinen Wunsch habe, weil ICH alles bin, brauchte Ich - nachdem diese Idee geboren war, Mein Selbst in diesem neuen Zustand auszudrücken - nur zu denken, d. h. Meine Aufmerksamkeit auf Meine Idee zu richten oder zu konzentrieren und auf Meinen Willen, daß sie in den Ausdruck kommt oder, wie es in Meiner anderen Offenbarung gesagt ist, das schöpferische Wort zu sprechen.

Sogleich setzten sich die kosmischen Kräfte Meines Seins durch das Konzentrieren Meines Willens in Schwingung, zogen dann die notwendigen Elemente aus dem ewigen Vorrat Meines Geistes heran, und - mit Meiner Idee als Kern - vereinigten, formten und gestalteten sie um ihn diese Elemente zu dem, was die Gedankenform eines Planeten genannt wird. Sie füllten sie mit Meiner Lebens-Substanz - Meinem Bewußtsein - und statteten sie mit allen Möglichkeiten Meines Wesens aus.

Dieser Denkakt erzeugte nur eine belebte Gedanken-Form eines Planeten, und seine Manifestation war im Gedankenreich noch in einem nebelhaften Zustand.

Aus einer Gedankenform jedoch begann die belebende Kraft der Idee im Inneren - mit Meinem auf sie konzentrierten Willen - die verschiedenen Elemente der Lebens-Substanz zu formen, zu gestalten und stufenweise in materielle Form zu verdichten, bis Meine Idee schließlich in substanzieller Manifestation in der Welt der sichtbaren Formen als der Planet Erde aufleuchtete - ein Mittel, bereit zu lebendigem Ausdruck und jetzt zu beidem fähig, Mich zu enthalten und Mich auszudrücken.

Dies war der durch Mein Denken vorbereitete materielle Körper, in dem durch die informierende Kraft Meiner innewohnenden Idee bereits die gesamte potentielle Natur Meines Wesens lag.

Die nächste Stufe war, Wege oder Ausdrucksmittel zu entwickeln und vorzubereiten, durch die Ich die mannigfaltigen Aspekte, Möglichkeiten und Kräfte Meiner Idee ausdrücken konnte.

Die äußere Erscheinungsform dafür waren die Mineral-, Pflanzen- und Tierreiche. Jedes von ihnen entfaltete in der Reihenfolge, in der es in Erscheinung trat, stufenweise höhere und vielfältigere Bewußtseins-Stadien. Das ermöglichte Mir, die unzähligen Aspekte und die Erscheinungsformen Meines Wesens immer klarer auszudrücken.

In diesem Stadium betrachtete Ich Meine Schöpfung, wie es in Meiner anderen Offenbarung heißt, und Ich sah, sie war gut. Aber es fehlte noch das entscheidende und höchste Mittel des Ausdrucks.

Bis zu diesem Punkt drückte zwar jedes irgendeinen Aspekt meines Wesens vollkommen aus, jedoch waren alle vorhandenen Mittel und

Wege sich Meiner nicht bewußt. Sie waren Ausdrucksmittel nur in der Weise, wie etwa der Leuchtdraht einer Glühbirne Wärme, Licht und Kraft vermittelt.

Die Voraussetzungen waren nun da für die Erschaffung von Mitteln, durch die Meine göttlichen Eigenschaften bewußten Ausdruck erlangen konnten, bewußt nicht nur ihrer Beziehung zu Mir, sondern auch ihrer Fähigkeit und Macht, Meine Idee auszudrücken.

Der Zeitpunkt war da, daß du und deine Brüder und Schwestern als menschliche Ausdrucksformen Meines Selbst ins Dasein geboren wurden.

Ebenso wie alle anderen Ausdrucksmittel tratet ihr in Erscheinung als Antwort auf Meinen konzentrierten Gedanken, in dem Ich all die unendliche Vielfalt Meiner Eigenschaften in wirklichem Ausdruck als wesenhafte Formen sah. Jede stellte vorwiegend einen besonderen Aspekt Meines Wesens dar, und jede war sich Meiner, ihres Schöpfers und Bildners, bewußt.

Ich sah dich in vollkommenem Ausdruck, ebenso wie Ich dich jetzt sehe - das wirkliche Du, eine Eigenschaft Meines vollkommenen Selbst.

Denn in Wirklichkeit bist du ein Träger des Lichts, einer Meiner Gedankenstrahlen, eine Eigenschaft Meines Seins, eingeplant in Erd-Verhältnisse zu keinem anderen Zweck als dem endgültigen, vollständigen Ausdruck Meiner Idee, - was durchaus kein Zweck ist, sondern eine Notwendigkeit Meines Seins.

Im Ewigen gibt es weder Zeit noch Raum noch Einzelexistenz, und nur durch das Phänomen des Gedankens, der aus der Substanz des Geistes in die Welt der Materie geboren wurde, trat die Illusion von Zeit, Raum und Einzelexistenz auf; der Gedanke - das Geschöpf - eignete sich das Bewußtsein des Getrenntseins von seinem Denker oder Schöpfer an.

Damit war die erste Tendenz, dich von Mir getrennt zu denken, geboren. Das vollständige Bewußtsein der Trennung wurzelte sich viel später ein.

Im Anfang, als du so zum erstenmal in den Erdausdruck kamst, dem Impuls gehorchend, den Ich durch Meinen konzentrierten Gedanken ausgesandt hatte, umgabst oder bekleidetest du - eine Meiner Eigenschaften - dein Selbst mit Meiner Idee von Meinem Selbst, ausgedrückt als die besondere Eigenschaft, die du darstelltest, da du die beseelende Kraft dieser Idee bist.

Mit anderen Worten: Meine Idee von Meinem Selbst, die diese besondere Eigenschaft ausdrückte, wurde so die Seele deines besonderen Ausdrucks. Aber - erinnere dich - diese Idee oder Seele bist nicht du, denn Du bist wirklich ein Teil von Mir, da Du mein Selbst bist, ausgedrückt durch das Mittel dieser besonderen Eigenschaft.

Da du dein Selbst mit Meiner Idee bekleidet hattest, begann diese Idee - durch die Notwendigkeit ihres Daseins - unmittelbar die nötige Gedanken-Substanz an sich zu ziehen, die für den Ausdruck dieser besonderen Eigenschaft erforderlich war, sie aufzubauen und zu Meinem Bild und Mir gleich zu gestalten. So wurde sie ein heiliger Tempel, erfüllt von Meiner lebendigen Gegenwart, da er von dir, einer Meiner göttlichen Eigenschaften, bewohnt war.

Dieser Tempel, Mein Bild und Mir gleich, aus Meiner Gedankensubstanz gebildet, die Meine Idee umgibt und umkleidet, ist folglich dein wirklicher Körper. Er ist deshalb unzerstörbar, unsterblich, vollkommen. Er ist Mein vollständiger, verkörperter Gedanke, der Mein lebendiges Wesen enthält und auf

die Zeit wartet, da er in den äußeren Ausdruck kommen und materielle Form annehmen kann.

So halten wir nun fest:

Erstens: ICH BIN, ausgedrückt als DU, eine Meiner göttlichen Eigenschaften;

Zweitens: MEINE IDEE von dir, eine Meiner Eigenschaften, die sich in Erd-Verhältnissen ausdrückt - oder DEINE SEELE;

Drittens: MEIN VERKÖRPERTER GEDANKE von dir, der den Tempel deiner Seele gestaltet - oder DEIN SEELEN-KÖRPER, in dem du wohnst.

Diese drei bilden den göttlichen oder unpersönlichen Teil von dir, das unsterbliche Drei-in-Einem - dich, Meinen latenten, doch vollständig formulierten Gedanken, als Mein Bild und Mir gleich gestaltet, jedoch noch unbelebt und darum ohne Verbindung mit deiner menschlichen Persönlichkeit, die noch nicht geboren war.

Ob du das eben Festgestellte klar erfaßt hast oder nicht, verwirf es nicht als völlig unverständlich. Denn in jeder Zeile ist ein Sinn verborgen, der dich für das ernsthafte Erforschen, das zu seinem Verständnis notwendig ist, überreich belohnen wird.

Diese Botschaft soll dich zu der Erkenntnis erwecken, was du bist, zu einer Erkenntnis deines wahren Selbst. Die Absicht ist, dir erneut Mich als dein göttliches Selbst, bewußt zu machen, so bewußt, daß du nie wieder von diesem illusorischen Selbst getäuscht zu werden vermagst.

3. 9 MICH ZU FINDEN

Du, der du alles, was hier gesagt worden ist, sorgfältig betrachtet hast, und der glaubt, ein kurzes Aufleuchten von mir gesehen zu haben, aber noch nicht sicher ist, - komm ganz nahe und lausche mit deiner Seele auf das, was Ich nun zu sagen habe.

Sei still! - und wisse, - ICH BIN - GOTT.

Wenn du gelernt hast, still zu sein, wenn du dieses „ICH" als Gott in dir betrachtet und darüber meditiert hast, wenn du es vom persönlichen Ich unterscheiden kannst und dir bewußt bist, daß du aus deiner Persönlichkeit gleichsam heraustreten und dein menschliches Selbst vom außen anschauen kannst, wie es ist: mit all seinen kleinlichen Schwächen, seine Leidenschaften, und kindischen Wünsche - wenn du das alles kannst und es mit klarem Blick erkannt hast, wisse, in diesen Augenblicken bist du im Bewußtsein eins mit Mir als deinem wirklichen Selbst - Ich in dir -, das dich auf diese Weise mit Meinen Augen die Wirklichkeit der Dinge sehen läßt.

In diesen Augenblicken bist du befreit von deiner Persönlichkeit und lebst in Meinem Bewußtsein - nenne es, wie du willst, kosmisches, universales, geistiges oder unpersönliches Bewußtsein -, denn du kannt diese Dinge in dir erst durch unpersönliche Augen - meine Augen – erkennen.

Auch wirst du, wenn du zurückschaust, dich an viele Situationen erinnern, da du dich stark getrieben fühltest, bestimmte Dinge zu tun, einige mit ausgezeichnetem Ergebnis; andere, gegen die du Einwände machtest, weil dein Intellekt dir einredete, du solltest anders handeln, endeten oft in Fehlschlag, Enttäuschung oder Leid.

Dieses drängende Bewußtsein war aber dein wirkliches Selbst, Ich in dir, das dich in solchen Augenblicken führte und dir klar sagte, was du tun solltest. In diesen Augenblicken hörtest du mit deinen geistigen Ohren, Meinen Ohren; und sobald du unpersönlich gehorchtest, ergaben sich Erfolg und Zufriedenheit; aber wenn du persönlich dachtest, du wüßtest es besser, dann waren stets Unbehagen und Bedauern die Folge.

Es gab auch Augenblicke, in denen du kommende Ereignisse fühltest oder die Nähe unsichtbarer Personen oder unharmonische Schwingungen bei der Begegnung mit anderen.

Dies ist das wirkliche Du, das mit deinem geistigen oder unpersönlichen Körper fühlt, dessen Bewußtsein - wüßtest du es nur! - sich immer bereit hält, dich in allen äußeren Dingen, Umständen und Ereignissen zu schützen, zu warnen und zu beraten.

Am besten und sichersten kannst du Mich erkennen, wenn selbstlose Liebe dein Herz erfüllt und ein starkes, zwingendes Drängen da ist, anderen in ihren Nöten beizustehen, ihre Mühsale zu erleichtern, ihnen Freude zu bringen, sie hinzuweisen auf den wirklichen Weg. Das ist das wahre Empfinden von Mir in dir, es schiebt die Persönlichkeit beiseite und benutzt dein Gemüt und deinen Körper für die Aufgabe, für die Ich sie erschuf: Zugang zu sein für den Ausdruck Meines wirklichen Wesens, das vollkommene Liebe ist, der Christus Gottes, die eine Macht, die belebt, anregt, Leben spendet, stärkt, heilt, alles erfüllt - die eine allumfassende Macht im Universum.

Auf all das wird deine Aufmerksamkeit gerichtet, damit du dir einprägst, daß Ich in deinem geistigen Körper - dem vollkommenen Körper im Inneren, wo Ich wohne - immer so zu dir spreche, dich berate, belehre, warne und dir in allen Angelegenheiten des Lebens beistehe, ja, in jeder kleinen Einzelheit.

Wenn du dich nur Mir zuwenden und sorgfältig diese Eindrücke, die du in jedem Augenblick empfängst, beachten und betrachten willst, wenn du lernen willst, ihnen zu vertrauen und Mir auf diese Weise zu dienen und in diesem vollen Vertrauen in Mir zu ruhen, ja, dann will Ich dich auf all deinen Wegen leiten. Ich will alle deine Probleme für dich lösen, all dein Tun erleichtern, und du wirst inmitten grüner Auen an die stillen Wasser des Lebens geführt werden.

Du Mensch, wenn du nur ein Zehntel der Zeit und Energie, die du vergeudet hast, um in äußeren wertlosen Formen menschlichen Wissens und menschlicher Lehren zu suchen, dazu verwendest, in ernstem, entschlossenem, nach innen gerichtetem Bemühen Mich zu finden, - wenn du nur eine Stunde jeden Tag Mir allein auf die Weise weihst, daß du dir Meine Gegenwart in dir vergegenwärtigst und danach handelst, verspreche Ich dir hier, du wirst Mich nicht nur bald, sehr bald finden, sondern Ich will dir eine unerschöpfliche Quelle solcher Weisheit, Kraft und Hilfe sein, wie dein menschliches Gemüt jetzt unmöglich fassen kann.

Ja, wenn du Mich nur so suchen willst, Mich zum Wichtigsten in deinem Leben machst, nicht ruhst, bis du Mich wirklich findest, wirst du dir sehr bald Meiner Gegenwart bewußt werden, Meiner liebenden Stimme, die ständig aus der Tiefe deines Herzens spricht.

Du wirst lernen, mit mir in innige Gemeinschaft zu kommen, und wirst erkennen, daß du in Meinem Bewußtsein lebst und Mein Wort in dir lebt und daß, was du auch wünschst, dir in scheinbar wunderbarer Weise erfüllt wird.

Dieses dauernd In-Mir-Bleiben mag zuerst schwierig sein, denn die Welt, der Körper und das die Übel stellen sich deinem Bewußtsein immer noch als Realität dar. Aber du wirst vertraut werden mit dem Gebrauch Meiner unpersönlichen Augen und bald die Wirklichkeit der Dinge durchschauen können, sogar die Wirklichkeit dieser scheinbaren Herren der Erde. Dann wirst du finden, daß du in einer erstaunlich neuen Welt lebst, bevölkert mit Engelwesen, die den physischen Körper ihrer menschlichen Persönlichkeit nur als Träger, Instrument oder Hülle benutzen, um mit den irdischen Zuständen und Geschehnissen in Berührung zu kommen; diese haben sie verursacht, um die Seelen-Qualitäten zu entwickeln, die für den vollkommenen Ausdruck Meiner Idee auf der Erde nötig sind.

Für deine Augen gibt es dann keine Schatten mehr, nichts Böses und deshalb keinen Widersacher, denn alles ist Licht und Liebe, Freiheit, Glück und Friede, und du wirst Mich in allem sehen, in jedem Wesen eine Eigenschaft von mir, in allem Beseelten einen Aspekt von mir; du brauchst nur Meine Liebe aus deinem Herzen scheinen zu lassen, und sie wird die wirkliche Bedeutung von allem, was du siehst, für dich beleuchten.

Dann wird die große Erkenntnis kommen: du hast das Reich des Geistes gefunden, du bewegst dich darin, es ist genau hier auf dieser Erde, es offenbart sich überall um dich herum, du hast allezeit darin gelebt, aber du wußtest es nicht.

Statt außerhalb an irgendeinem fernen Ort zu sein, ist es in deinem eigenen Sein und in jedem anderen Sein das Allerinnerste alles Offenbarten. Mit anderen Worten: das Reich des Geistes wird als Wirklichkeit von allem erkannt werden und aller äußere Anschein nur als Schatten dieser Wirklichkeit, geschaffen durch des Menschen falsche Vorstellungen und durch seinen Glauben, er sei von Mir getrennt.

Wenn du dieses Reich gefunden hast, dann, wirst du auch deinen Platz in ihm finden und jetzt erkennen, daß du in Wahrheit eine Meiner göttlichen Eigenschaften, daß deine Aufgabe von Anfang an genau für dich geplant und daß alles bisher Geschehene nur eine Vorbereitung war und ein Zubereiten deiner menschlichen Persönlichkeit für diese Aufgabe.

Deine Seele wird in freudiger Erwartung aufjauchzen, daß du nach all diesen vielen Jahren des Wanderns endlich in Mein Heim zurückgekehrt bist und jetzt in Mein wirkliches Leben eintreten kannst, eins im Bewußtsein mit Mir und mit deinen anderen Selbstheiten, die alle dahin wirken, den endgültigen vollkommenen Ausdruck Meiner göttlichen Idee auf der Erde hervorzubringen.

Du, in dem das Lesen dieser Worte Erinnerungen an frühere Freuden wachgerufen hat und dessen Seele sich daraufhin neu belebte, wende dich nicht von diesen Worten ab, bleibe bei ihnen, bis du alles, was Ich dir zu sagen habe, aus ihnen aufgenommen hast.

Sei still! und lausche auf Meine innere Stimme und erfahre von den Herrlichkeiten, die dich erwarten, wenn du fähig bist, mit unpersönlichen Augen zu sehen und mit unpersönlichem Verständnis zu hören.

Läßt dieses Lesen die erste Vision Meiner Wirklichkeit in deinem Inneren erstehen und löst es durch dieses teilweise Erkennen von Mir und Meinem Reich hohe Schwingungen aus, die dich in eine vorübergehende geistige Ekstase versetzen, und du beschließt zu versuchen, immer in diesem Bewußtsein von Mir zu bleiben und Mir immer zu folgen, - sei nicht entmutigt, wenn dir dies nicht auf Anhieb gelingt.

Nur durch dein Versuchen und Versagen und nur dadurch, daß du deinen Mangel an Kraft und Fähigkeit, in Mir zu ruhen und Mir zu vertrauen, klar erkennst, kann Ich in dir das Bewußtsein Meiner göttlichen Kräfte beleben, die immer darauf warten, sich durch dich zu offenbaren. Diese hohen Schwingungen regen nur die Tätigkeit bestimmter Seeleneigenschaften und ihrer entsprechenden Fähigkeiten an, die ins Bewußtsein gebracht werden müssen, bevor Ich solche Kräfte offenbar machen kann.

Sobald diese Seeleneigenschaften aktiv werden, treffen sie natürlich auf regen Widerstand von gewissen anderen Eigenschaften, die bisher in deinem Wesen die unbestrittene Herrschaft hatten und die überwunden und unterworfen und dann zu ihrem wirklichen Dienst erhoben werden müssen, bevor die Seeleneigenschaften sich unbehindert ausdrücken können.

Dieser Widerstand sollte und wird den Ausdruck der Seeleneigenschaften stärken, erproben und vervollkommnen; denn du mußt jedem Angriff von außen widerstehen können, bevor du alle Meine von innen hervordrängenden göttlichen Kräfte ganz ausdrücken kannst. Wisse: diese Kräfte offenbare Ich in dir gerade so schnell, wie du es ertragen und stark sein kannst.

ICH BIN der Baum des Lebens in dir. Mein Leben wird und muß sich durchsetzen; aber es geschieht durch allmähliches und stetiges Wachstum. Du kannst keine Früchte tragen, ehe du nicht dazu herangereift bist. Bedenke: Mein Leben gestaltet dich unentwegt zu vollkommener Gesundheit, Kraft und Schönheit; das muß sich nach außen ausdrücken, wie es schon jetzt im Inneren geschieht.

Du, der begonnen hat, zu erkennen, ICH BIN im Inneren, aber noch nicht gelernt hat, mit Mir vertraut zu sein - höre und lerne jetzt.

Du hast gelernt, still zu sein, und Meine Gegenwart in dir zu spüren. Wenn es so ist, und du erkennst, ICH BIN da, stelle Mir eine Frage. Dann warte in stiller, ernster Hinwendung zu Mir auf eine Antwort, doch ohne Furcht, Sorge oder persönliches Interesse - warte mit offenem Gemüt vertrauensvoll auf die Eindrücke, die kommen werden.

Sollte als Antwort ein Gedanke kommen, den du als etwas erkennst, was du irgendwo gehört oder gelesen hast, verwirf ihn sofort und sage: „Nein - Vater, was sagst du?"

Andere Gedanken mögen von anderen menschlichen Quellen kommen. Bist du aber achtsam, wirst du sie als solche erkennen und dich weigern, sie anzunehmen.

Dann, wenn du darin beharrst, Mich zu fragen, wirst du schließlich eine Antwort erhalten, von der du fühlst, daß sie wirklich von Mir ist.

So wird es zuerst sein. Wenn du gelernt hast, Meine Stimme von allen anderen Stimmen zu unterscheiden und dein persönliches Interesse ganz ausgeschaltet halten kannst, dann wirst du, wann immer du willst, fähig sein, stille Gemeinschaft mit Mir zu halten, ohne von Ideen, Glaubensvorstellungen und Meinungen anderer gestört zu sein. Jede beliebige Frage kannst du stellen, oder ein anderer kann dir eine Frage stellen über irgendein Problem, für das er Hilfe braucht, und im gleichen Augenblick will Ich dir die Worte eingeben, die zu sprechen sind, entweder still zu dir oder durch deinen Mund hörbar zu dem anderen.

Ihr Menschen, die ihr euer Selbst Mir geweiht habt und jede Anstrengung darauf ausrichtet, Vereinigung mit Mir zu finden, stattdessen aber scheinbar nur Widerwärtigkeiten erfährt, - wißt, meine Gesegneten, daß ihr nun sehr, sehr nahe seid. Wenn ihr nur weiterhin in Mir bleibt und dabei Mein Wort in euch bewahrt, und Mir vertraut, Ich werde euch alsbald Freude, Erfüllung und einen Frieden bringen, den menschliche Worte und menschliches Empfinden unmöglich ausmalen können.

Denn ihr habt Meinen Anweisungen gehorcht, ihr habt Mir vertraut und als erstes Mein Reich und Mein Recht gesucht, darum will Ich euch alles andere hinzugeben, selbst das, was die Welt euch versagt hat.

Das gilt auch für dich, Menschenkind, das die Gesundheit verloren hat und den Mut und allen Halt in sich selbst. Nach beschwerlichen Jahren des Suchens im Äußeren, um das verlorene Leben wiederzugewinnen mit Hilfe irdischer Ärzte und Heilmittel und durch treues Befolgen jeder gegebenen Anweisung und Anregung, hast du dich schließlich Mir im Inneren zugewandt in der leisen Hoffnung, Ich könne dir vielleicht helfen.

Wisse, daß auch du in völliger Hingabe zu Mir kommen mußt, dem einen und einzigen Arzt, der dich heilen kann. Denn ICH BIN das allmächtige Leben in dir, ICH BIN deine Gesundheit, deine Kraft, deine Vitalität. Erst wenn du Mich in dir fühlen kannst und weißt, daß Ich das alles für dich bin, kannst du wirkliche und bleibende Gesundheit erfahren.

Und nun, du Mensch, komm ganz nahe. Denn jetzt will Ich dir den Weg zeigen, um all dies zu erlangen: Gesundheit, Wohlergehen, Glück, Vereinigung und Frieden.

In den folgenden Worten liegt das große Geheimnis verborgen.

Gesegnet bist du, der es findet.

Sei still! und wisse - ICH BIN - GOTT.

Wisse: ICH BIN in dir. Wisse: ICH BIN du. Wisse: ICH BIN dein Leben. Wisse: alle Weisheit, alle Liebe, alle Macht ist in diesem Leben beständig, das – was jetzt - uneingeschränkt durch dein ganzes Dasein fließt.

ICH BIN das Leben, ICH BIN die Intelligenz, ICH BIN die Kraft in aller Substanz - in allen Zellen deines Körpers. In den Zellen aller mineralischen, pflanzlichen und tierischen Materie, in Feuer, Wasser und Luft, in Sonne, Mond und Sternen. ICH BIN in dir und in ihnen das, was IST, Ihr Bewußtsein ist eins mit deinem Bewußtsein, und alles ist Mein Bewußtsein. Durch Mein Bewußtsein in ihnen ist alles, was sie haben oder sind, dein - du mußt es nur in Anspruch nehmen. Sprich also zu ihnen in Meinem Namen.

Sprich im Bewußtsein Meiner Macht in dir und Meiner Intelligenz in ihnen.

Sprich, befiehl in diesem Bewußtsein, was du willst - und das Universum wird unmittelbar gehorchen.

„Lazarus, komm heraus!" „Talitha kumi" – Mädchen, steh' auf!

„Nimm dein Bett und wandle!" Erhebe dich, der du so innig die Vereinigung mit Mir erstrebst!

Nimm jetzt dein göttliches Erbe an! Öffne weit deine Seele, dein Gemüt, deinen Körper und atme Meinen Lebensodem ein!

Wisse, Ich erfülle dich überfließend mit Meiner göttlichen Macht, jede Faser, jeder Nerv, jede Zelle, jedes Atom deines Wesens lebt jetzt bewußt in Einheit mit Mir, erfüllt von Meiner Gesundheit, Meiner Stärke, Meiner Intelligenz, Meinem Da-Sein.

Denn ICH BIN in dir. Wir sind nicht getrennt. Wir könnten unmöglich getrennt sein. Denn ICH BIN du. ICH BIN dein wirkliches Selbst, dein wirkliches Leben und offenbare Mein Selbst und alle Meine Kräfte in dir – JETZT.

Erwache! Erhebe dich und beanspruche deine Herrschaft! Erkenne dein Selbst und deine Vollmacht! Wisse: alles, was Ich habe, gehört dir. Mein allmächtiges Leben strömt durch dich, du kannst von ihm nehmen und mit ihm gestalten, was du willst, es will sich für dich manifestieren als Gesundheit, Kraft, Wohlergehen, Vereinigung, Glück, Friede - als alles, was du von Mir wünschst.

Stelle es dir vor. Denke es. Wisse es! Dann, mit aller Bestimmtheit deines Wesens, sprich das schöpferische Wort! „Es SEI"! Es wird nicht leer zu dir zurückkehren.

Aber wisse, geliebter Mensch, das kann erst sein, wenn du in völliger und äußerster Hingabe zu Mir gekommen bist, wenn du dich selbst, deinen Körper, deine Angelegenheiten, dein Leben in Meine Obhut gegeben hast, indem du alle Sorge und Verantwortung auf Mich wirfst, absolut in Mir ruhend und ganz Mir vertrauend.

Wenn du das getan hast, dann werden diese Worte Meine göttlichen Fähigkeiten, die latent in deiner Seele liegen, zu tätigem Leben erwecken, und du wirst einer mächtigen Kraft in dir bewußt werden, die gerade in dem Maß, wie du in Mir bleibst und Meine Worte in dir bleiben läßt, dich von deiner Traumwelt völlig befreien und dich voll im Geist beleben wird. Diese Kraft wird den ganzen Weg für dich erhellen, dich mit allem versorgen, was du wünschst, und Verwirrung und Leid für immer von dir nehmen. Dann wird es keine Zweifel und Fragen mehr geben, denn du wirst wissen, daß Ich, Gott, dein wirkliches Selbst, immer deinen Weg bestimmen und ihn dir zeigen werde. Denn du wirst erkannt haben: du und Ich sind Eines.

3. 10 VEREINIGUNG

Du, der du aufrichtig wünschst, dich auf diese Weise Mir zu weihen, und gewillt bist, dein ganzes Leben Mir zu übergeben, indem du alle persönlichen Vorstellungen, Erwartungen und Ansprüche losläßt, damit Ich Meine unpersönliche Idee frei und vollkommen durch dich ausdrücken kann, höre aufmerksam auf diese Worte:

Ich habe dich durch all deine Lebenserfahrungen bis genau hierher geführt. Wenn du jetzt wirklich bereit und willig bist, Mir zu dienen, und gelernt hast, daß du aus dir selbst nichts wissen und nichts tun kannst -, wenn du erfahren hast, daß ICH dein wahres Selbst bin und das, was du deine Intelligenz, deine Kraft und deinen Körper nennst, in Wirklichkeit Mein ist, und daß Ich es bin, der alle deine Gedanken leitet und dich nicht nur veranlaßt, sondern auch befähigt, alles zu tun, was du tust -, dann kannst du die Bedeutung Meiner Worte verstehen und bist wirklich bereit, ihnen zu folgen.

Bisher habe Ich dir die Erfahrungen gebracht, die dich mehr und mehr zu der Verwirklichung Deines Selbst führten.

Aber jetzt, wenn du bereit bist, sollst du bewußt mit Mir vereint sein, und freudig, jedoch ruhig jede neue Erfahrung erwartend in dem Wissen, daß in jeder von ihnen erstaunliche Ausdrücke Meiner Absicht enthalten sind, die Ich dir alle klar machen werde, und die dich mehr und mehr in liebevolle und vertraute Vereinigung mit Mir bringen werden.

So werden alle Erfahrungen künftig Segnungen sein, statt Belastungen und Prüfungen oder karmische Auswirkungen früherer Handlungen. Denn in jeder Erfahrung will Ich dir herrliche Visionen von Meiner Wirklichkeit erschließen -von deinem eigenen, wahren, wundervollen Selbst -, bis du keinerlei Neigung mehr hast, irgendwelchen alten Wünschen nachzugehen, sondern nur danach strebst, Meine Impulse wahrzunehmen erkennen und Mir zu gefallen.

Dies wird sich auf viele neue Weisen zeigen. In deinen Tätigkeiten, welcher Art sie auch sind, wirst du dich nicht darum kümmern, was die Aufgabe ist, sondern das tun, was gerade vor dir liegt in dem Wissen, daß es das ist, was Ich verlange. Und du wirst immer und allein danach streben, Mir zu gefallen durch deine Unpersönlichkeit im Tun, die Mir unmittelbar die Ausführung meines Willens ermöglicht.

Ich will nun in dir diese wichtigen Eigenschaften entwickeln: Geduld, Sanftmut, Nachsicht, Zungenbeherrschung, liebende Güte, wahre Selbstlosigkeit und ein verstehendes Herz; denn Ich werde dich erkennen lassen, daß Ich tief in deinem Herzen wohne. Wenn du diese große Wahrheit wirklich wahrnimmst, wirst du Mich in deinem Bruder, ja in jedem Menschen, sehen können,

Denn Ich, das wirkliche Ich im Herzen eines jeden, bin EINES und antworte immer, wenn du dich so an Mich wendest.

Sobald du das kannst, wirst du über die Wandlungen staunen, die sich in deiner Persönlichkeit und auch in der deiner Lieben vollziehen - bis du fähig bist, hinter ihrer menschlichen Persönlichkeit Mich zu sehen, dein eigenes unpersönliches Selbst, das aus ihren Augen leuchtet. Wenn du Mich so sehen kannst, dann werden dir die Himmel geöffnet sein, und nicht mehr wirst du in deinem Bruder Schwächen sehen, in deiner Umgebung Unharmonisches hören oder Unfreundlichkeit von deinem Mitmenschen fühlen. Denn du wirst wissen, Ich, das unpersönliche Eine im anderen, bin die Quelle aller Vollkommenheit, aller Harmonie, aller Güte und warte nur darauf, daß die menschliche Persönlichkeit zu dieser Erkenntnis kommt, bescheiden zur Seite tritt und Mein Licht durchbrechen läßt, strahlend in aller Herrlichkeit Meiner göttlichen Idee.

Dann wirst du verstehen, daß alle Umstände, in die Ich dich stelle, die von Mir gewählten Gelegenheiten sind, in denen du Mir am besten dienen kannst; daß überall und in allen Umständen viel, sehr viel zu tun ist. Je unangenehmer sie der Persönlichkeit sind, umso mehr bedürfen sie Meiner lebendigen Gegenwart.

Wo du auch bist, wenn das Erwachen kommt, wie auch deine Schulung war - im Geschäftsleben, in einem akademischen Beruf, in handwerklicher Arbeit, im privaten Leben oder in der Umwelt, - dort liegt vielleicht deine beste Gelegenheit, dich zu verwirklichen; denn dort kennst du die besonderen Möglichkeiten am besten.

In die Welt mußt du Meine lebendige Gegenwart hineinnehmen, mußt die Türen der betrübten und kranken Herzen öffnen und Mein Licht und Meine heilende Liebe hineinströmen lassen. Du mußt der Sauerteig sein, der den Teig zum Gären bringt. Damit dies geschehen kann, mußt du, erwachter Mensch, diesen Meinen Unwissenden und Fehlgeleiteten Meine Inspiration, Meinen Segen, Meine Kraft bringen, so daß sie sich erheben und die vielfältigen Einflüsse der Welt abweisen können, Meiner Stimme im Inneren lauschen und von nun an der Meister der Umweltbedingungen sein können und nicht länger ihr Sklave.

Die göttliche Berührung ist notwendig und muß herbeigeführt werden. Nur durch jemand, der mit Mir als Führer und Vermittler die Tiefen menschlicher Erfahrung ausgelotet und auch ihre Höhen erreicht hat, kann diese Berührung geschehen.

Du, der liest und dessen Seele weiß, bist gesegnet, und dein Wirken liegt vor dir;

Du, der weiß, und du, der Mir vertraut, erkennt, daß Ich schon jetzt Meinen Willen durch dich manifestiere, und die Zeit kommt gewiß, da ihr keinen anderen Willen als Meinen kennt und da alles, was ihr wollt, geschehen wird. Ihr werdet völlig aus eurem Traum des Getrenntseins erwachen und Mich als euer wirkliches und einziges Selbst erkennen.

Das wird dann sein, wenn du dich und alles in deinem Leben ganz Mir übergeben hast und wenn in deiner menschlichen Persönlichkeit nichts zurückgeblieben ist, was durch dein Handeln oder Sprechen in anderen Menschen das leiseste unharmonische Denken oder Fühlen auslöst.

Dann wird dein Weg ein unaufhörlicher Kreislauf des Segens sein.

Wo du auch gehst, wird Mein Licht scheinen und Meine Liebe aus dir strahlen, Friede, Einklang und Einheit schaffend. Das Große wird sein - obwohl es nicht groß, sondern natürlich ist, wenn du es einmal verstehst - daß jeder durch dein Erscheinen in seinem Leben gesegnet und beglückt sein wird.

Denn das ICH BIN in ihnen hat in dir einen echten unpersönlichen Weg des Ausdrucks gefunden oder gespürt und fühlt deshalb - jetzt noch im Fleisch und wenn auch nicht bewußt durch die Persönlichkeit - die Herrlichkeit und die Heiligkeit Meines unpersönlichen Lebens.

Literatur:

Heraklit: Fragmente
Plato: Parmenides, Phaidon, Phaidros, Philebos, Politeia,
    Theaitetos, Symposion
Plotin: Enneaden
Irenäus: Epideixis, Adversus haereses
Clemens: Protreptikos, Paidagogos, Stromateis
Origenes: Contra Celsum, Homilien,
Augustinus: Confessiones, De civitate Dei, De trinitate
Shankara: Viveka Chudamani
Philo von Alexandrien: De migratione Abrahami; Vita Mosis
Theophilus: Ad Autolycum
Epiktet: Encheirídion (Hrsgg. Von Arrion)
Der Sohar
Das Buch Bahir
Meister Eckhart: Lateinische Texte und Traktate
Nicolai de Cusa (Cusanus): Opera omnia, Bd. 1: De docta ignoran
    tia, Heidelberger Akademie
Baruch de Spinoza: Sämtliche Werke, Bd. 2: Die Ethik, Felix
    Meiner Verlag
The Chhandogya Upanishad, Translation and Commentary by
    Swami Krishnanada, Divine Life Society
Pratyabhijnahrdayam – The Secret of Self-Recognition,
    English Translation, Notes and Introduction by Jaideva Singh
Spanda Karikas – The Divine Creative Pulsation
    English Translation, Notes and Introduction by Jaideva Si
André Padoux (Ed.): Vac – The Concept oft the Word in Hindu
    Tantras
Maharishi Haritayana: Tripura Rahasya – The Mystery beyond
    Trinity
The Ribhu Gita, Sri Ramanasramam, Tiruvannamalai
Proklos Diadochos: Über die Vorsehung, das Schicksal und den
    freien Willen, übers. und erläutert von Michael Erler. Hain,
    Meisenheim am Glan 1980

Erwin Sonderegger (Hrsg.): Proklos: Grundkurs über Einheit. Grundzüge der neuplatonischen Welt. Academia Verlag, Sankt Augustin 2004

Anscombe, G. & M.: The Principle of Individuation, In: Proceedings of the Aristotelian Society XXVII (1951)

Hans Jonas: Das Prinzip Leben, Frankfurt 1997

Über den Autor

Elias Johannes Benedikt, Dr. phil., geb. in Wien. Studium der Philosophie, Mathematik und theoretischen Physik an den Universitäten Wien und Stuttgart. Mehrere Jahre in Forschung und Lehre mit Schwerpunkten „Applied Theory of Dynamic Systems", Bildungs- und Raumplanung. Gleichzeitig Ausbildung in Gestaltarbeit und eidetischer Wahrnehmungsschulung bei Werner Arnet.

Beendigung der akademischen Laufbahn und – einem initiatischen Impuls folgend – Beginn der freischaffenden Beratungs- und Lehrtätigkeit.

Ab 1980 Seminar- und Vortragstätigkeit in den deutschsprachigen Ländern, Israel und Indien mit den Schwerpunkten *Jüdisch-christliche Mystik und platonische Philosophie* und *West-östliche Weisheitstraditionen*. Begleitung von Menschen in ihrer Suche nach Gott und Selbst.

Diverse Publikationen im Bereich Systemforschung, Philosophie, Spiritualität und Religion. Hauptwerke: *Die Kabbala als jüdisch-christlicher Einweihungsweg*, 2 Bde., Ansata (12. und 6. Aufl.); *Spirituality versus Religion*, Lotus Publication; Zahlreiche unveröffentlichte Vorträge und Aufsätze zur Friedens- und Bildungsarbeit, zu Ethik, Mystik und Metaphysik, platonischer Philosophie und Grenzgebieten der Wissenschaft.

1995 Gründung und Leitung eines Ashrams in Savroli bei Ganeshpuri, Maharashtra, Indien, unter dem Patronat von S. H. Swami Chidananda. Von 2003 bis 2010 weltweite Aktivität im interreligiösen und interkulturellen Dialog, insbesondere im Nahen Osten; Von 2003 bis 2009 Leiter der „Jerusalem Peace Academy".

Lebt heute in den Kärntner Bergen und wirkt vorwiegend als Lehrer der reinen und angewandten Philosophie und als Vermittler geistiger Heilung (http://elias-johannes-benedikt.website/Home, www.universelle-kabbala.com).